FAMILY FRIENDLY SCHOOLS
Measurable Achievement Through Family Engagement

El Libro De Juegos Para Padres

Actividades de Aprendizaje con Niños Divertidas y Agradables

GRADOS K - 2

Actividades de Aprendizaje-Basados en Las Normas Comunes

- Aprobado por Padres y Maestros
- Contribuido por Padres y Maestros
- Aprender nuevas ideas divertidas y como aplicar vieja ideas

Dra. Joni Samples

El Libro De Juegos Para Padres: Grados K - 2

ENGAGE! Press

2485 Notre Dame Blvd 370-170

Chico, CA 95928

www.engagepress.com

Este libro contiene información de recursos Muchas. El impresor, Editor, y autor niegan cualquier responsabilidad personal, por información presentado aquí indirecto, directo o a aconsejar. Aunque el autor, impresor, y Editor que han tomado el cuidado y diligencia en la presentación, y han hecho todo el esfuerzo de asegurar exactitud y completamente de la información en este libro. No toman responsabilidad por errores, inconsistencia, omisiones, e incorrecto aquí.

Primer Imprimido 2013

ISBN No. 978-0-9772329-5-6

Catalogó-en-Datos Publicación Biblioteca de Congreso

DEDICACIÓN

El serie El Libro de Juegos Para Padres está dedicado a la memoria de Linda Armstrong. Linda era muy amorosa de libros, literatura, una bibliotecaria, y escritora, era mi editor, y cuidaba los datos, cree en familias, y aprendiendo, y de todo era mi amiga.

Sobre Su Libro De Juegos Para Padres

Queridos Padres,

Bienvenidos al Libro De Juegos Para Padres, donde usted va encontrar recetas para aprender. Similar a un libro de recetas, cada actividad comienza con una lista de materiales que necesita, el tiempo que se requiere para completar la actividad, y una descripción de la actividad. En vez de un "requerido nutricional diario," estas recetas se relacionan a la Normas Estatales Comunes de Aprendizaje. Las actividades son fáciles y divertidas.

Yo soy una educadora de toda la vida con cuatro hijos/as. Era rara la vez que lo que yo cocinaba usando un libro de recetas. Planeando la comida consistía de lo que yo recordaba de mi niñez o lo que se calentaba más pronto en el microondas.

Mi interés en asistir a mis hijos/as en su educación se enforcá así como, el menú de comida, algo rápido, fácil, y que puede hacer una diferencia en una manera divertida. Anque, no había nada en la Marqueta que me daba direcciones fáciles o ideas para ayudar a mis niños/as que fueran prosperando en el aprendizaje. Busqué las cosas de mis día s como maestrao dependí en la escuela para proveer algo. Pero, la tarea no me entretenía a mina a mis niños/as lo suficiente para hacer más de lo que tenía que entregar el siguiente día. Perdíamos interés, así que yo comencé a crear otras actividades para hacer.

Era entonces mi esposo uien sugirió que yo escribirá una columna en el periódico para compartir las actividades con otros padres. Como un nuevo Superintendente de Escuela en la área y alguien que quiere dejarles saber a las personas, se escuchaba como una buena idea. Yo podía proveer a los maestros/as, padres, y yo misma con actividades de casa que son fáciles, divertidas y aprendizaje realizado.

Un día una colega comentó, "¿La actividad del panecillo tiene mucho midiendo de fracciones. De qué nivel de grado es esta Norma?" ¡Pospuesto! Comparten las actividades a las normas de aprendizaje del salón y todos ganan. Con eso nació la idea del Libro De Juegos Para Padres.

Padres desfrutan un aprendizaje divertido con sus niños/as. Las actividades que hacen juntos refuerzan conceptos enseñadas en la escuela. Los maestros/as ven el apoyo de la casa reflexionadas en el trabajo del los niño/as. En adición, los niños/as-los Grado, notas de examen y la confianza misma esteran fuera de la tabla. Entonces, aquí usted tiene recetas para aprendizaje en la forma de Libro De Juego Para Padres.

Prueben, benefician de, y de todo experiencia la diversión delicioso del aprendizaje con sus niños/as.

Sinceramente,
Dra. Joni

Una Carta de Dr. Joni y Trinidad:

Para Los Ninos/as

¡Trinidad dice hola y bienvenidos al Libro De Juegos Para Padres-un lugar donde el aprendizaje es divertido!

A la mejor piensa que Trinidad aprende en la playa, pero esta estrella de mar si llega alrededor del pueblo. Tiendas de mercados, las películas, lugares de pizza, y la biblioteca son unos lugares que Trinidad va aparecer. Miren cuántas veces usted puede encontrar a Trinidad cuando ustedes y sus familia aprender y comparten las actividades en este libro. No se les olvide hacer sus propias actividades. Hay bastante campo para que usted y su familia escriban en la sección "Lo que Aprendimos Hoy."

¡Gocen de las actividades con Trinidad y hagan Aprendizaje Divertido!

Sinceramente,

Dra. Joni y Trinidad

Tabla del Contenido

Para talleres o presentaciones por la Dra. Joni Samples, comunicase con Engage! Press

Teléfono/Fax 1-530-899-8423

www.engagepress.com

Sobre La Normas Comunes Estatales

Las Normas que se usaron para el Libro De Juego Para Padres son la Normas Nacionales Comunes para Lenguaje, Alfabetismo y Matemáticas.

Las Normas Comunes son las normas que representan el aprendizaje de los estados.

Las Normas Comunes para ciencia e historia todavía tiene que hacer adoptadas nacionalmente; pero esas habilidades son probadas en cada estado. Actividades de Ciencia e Historia están incluidas aquí y las normas son comunes de todos los Estado Unidos.

Ojalá que estas actividades son divertidas y llenas de aprendizaje para los padres, maestros y más importante, los niños.

LENGUAJE Y ALFABETISMO

K – 2

Actividades Libro de Juegos para Padres

¿Quiere agregar su actividad favorita alla siguiente Libro de Juegos para Padres? Use la forma que está al fin del libro o se puede comunicar con el editor:

info@engagepress.com • www.engagepress.com

Por Dra. Joni Samples   Normas Estatales Comunes de Lenguaje y Alfabetismo

Normas Estatales Comunes
de Lenguaje y Alfabetismo

El propósito de Lenguaje y Alfabetismo es de garantizar que todos los estudiantes desarrollan el habilidad de lenguaje que necesitan para tener éxitos en la vida como personas de la sociedad que son informadas, y miembros productivos.

La habilidad de leer y escribir comienza antes de que los niños entrana la escuela porque experimentan con actividades de lenguaje-de barboteo a aprender sonidos y palabras.

Niños comienzan a hacer conexiones entre leer, escribir, hablar, y escuchar como una forma de obtener información y aprender de lo que al redero de ellos.

La Normas Estatales Comunes de Lenguaje y Alfabetismo están en la siguiente página para que usted comprenda y ponga todo junto en las habilidades que necesita para leer y escribir. Ninguna Norma esta sola. Todas trabajan juntas para crear un programa de lenguaje.

Temas Básicos de la Normas de Lenguaje y Alfabetismo para Grado K-2

Habilidades de Lectura para Literatura
- Detalles e Ideas Claves
- Estructura y Arte
- Integración de Ideas y Conocimiento
- Al Nivel del Texto Complexo

Habilidades de Lectura para Información de Texto
- Detalles e Ideas Claves
- Estructura y Arte
- Integración de Ideas y Conocimiento
- Al Nivel del Texto Complexo

Habilidades Fundamentales de Lectura
- Reconocer Palabras y Fonología
- Afluencia

Habilidad de Escribir
- Tipos de texto y Propósitos
- Producción y Distribución de Escribir
- Investigar para Construir Conocimiento
- Al Nivel de Escribir

Habilidad de Hablar y Escuchar
- Comprensión y Colaboración
- Presentación de Conocimiento e Ideas.

Habilidad de Lenguaje
- Convenciones del Idioma Ingles
- Conocimiento de Lenguaje
- Uso de Lenguaje y Adquisición

Tiempo de Cuento

Grado K

Número de Personas: 2   Tiempo: Varea

Materiales: Cuentos Favoritos

Cualquier tiempo puede ser tiempo de cuento. Uno de mis tiempos favoritos de leer un cuento es en las noches antes de acostarse. Un cuento corto cada noche ayuda a su niño/a aprender lenguaje, nuevas palabras, y la estructura de un cuento. Si es el mismo cuento no se vaya sorprender de que se lo cuenten usted después de unas cuantas veces de leer lo.

NORMAS ESTATALES COMUNES DE LENGUAJE Y ALFABETISMO

Normas de Leer para Literatura: Detalles e Ideas Calves

1. Con incito y apoyo, pregunta y conteste preguntas sobre detalles y eventos en el texto.

Comenzando de Leer A Voz Alta

Grado K

Número de Personas: 1+   Tiempo: 10-20 minutos

Materiales: Libros

Descripción: Leyendo en voz alta a su niño/a le ayuda a lectores prósperos. Escoge libros que sean fáciles de leer en vez de muy difícil. Libros con muchas fotos y pocas palabras son libros buenos para comenzar. Primero usted lee el libro en voz alta apuntando a cada palabra, luego lee el libro otra vez y juntos apuntando cada palabra. Esteran listos para decir o leer lo cuando la confianza esta ahí. Dejen que ellos/as lo hagan. Pronto tendrán un libro favorito y lo van a saber de palabra a palabra. Usted no va a poder pasarse de hoja sin que ellos/as se den cuenta. Ellos van a querer hacer prósperos en este nueva habilidad.

NORMAS ESTATALES COMUNES DE LENGUAJE Y ALFABETISMO

Normas de Leer para Literatura: Detalles e Ideas Clave

2. Con incito y apoyo, decir cuentos familiares, incluyendo detalles claves.

Usted puede escribir "Estrella de mar es un amigo/a maravillosa."

Escribiendo Rebate

Número de Personas: 1   Tiempo: 15-30 minutos

Materiales: Papel, lápiz, crayolas o fotos de revistas.

Descripción: Escriba un cuento luego remplace las palabras con fotos. Por ejemplo, si escribió "El caballo brincó sobre la cerca" puede remplazar con fotos. Ayuda a sus niño/a a leer el cuento con las fotos.

NORMAS ESTATALES COMUNES DE LENGUAJE Y ALFABETISMO

Normas de Leer para Literatura: Integración de ideas y conocimiento:

7. Con incito y apoyo, describa la relación entre las ilustraciones y el cuento como aparecen (e.g., en un momento en el cuento una ilustración díptica)

Lo que aprendimos hoy...

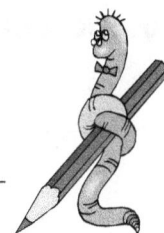

_____

_____

_____

_____

_____

_____

Temas Favoritos

Número de Personas: 2   Tiempo: 15 minutos

Materiales: Libros, revistas, o artículos de internet

Descripción: Escoja una tema para la tarde y lea sobre esa tema. A lo mejor le gusta caros o dinosaurios. A lo mejor a ella le gusta perritos o gatitos. Escoja un tema para la tarde y lea sobre esa tema. Solo algo corto de un libro, revista, o del internet. Después de que leyeron el cuento, haga preguntas sobre el tema. ¿De qué leemos en el cuento? ¿Qué eran algunas cosas que escuchamos? Trata de que su niño/a identifique uno o dos detalles.

NORMAS ESTATALES COMUNES DE LENGUAJE Y ALFABETISMO

Leyendo: Texto Informacional: Detalles e Ideas Claves

2. Con incito y apoyo, identifique el tema mayor y decir los detalles claves del texto.

Lo que aprendimos hoy...

_____

_____

_____

_____

_____

_____

Escriba Bien
Número de Personas: 2 Tiempo: 15 minutos

Materiales: Papel y lápiz, crayola, o marcador

Descripción: Usando chico, mediano, o grande pedazo de papel y un marcador de cual quiere tipo, deje que su niño/a "escribir" un cuento comenzando en la esquina del lado izquierdo. El cuento puede hace pocas palabras, líneas, o dibujo-no importa. El propósito de esta actividad es que el cuento comience del izquierdo al derecho. El niño/a va a comenzar en la izquierda esquina y se va a mover a la derecha en el papel. En cuanto una línea del cuento se ha completado, el va a regresar al lado izquierdo y continua con el cuento moviéndose al lado derecho. Usted va a querer un área grande para mostrar los cuentos que se escriban, pero vale la pena.

NORMAS ESTATALES COMUNES DE LENGUAJE Y ALFABETISMO

Habilidad de Leer: Habilidad Fundamentales: Concepto de imprimir

1a. Sigue palabras del izquierdo al derecho, de arriba al abajo y de página a página.

Doble Trabajo de Marca Páginas
Número de Personas: 1+   Tiempo: 15-20 minutos   Grado **K**

Materiales: Libros, marca paginas

Descripción: Para los lectores menores, un marca páginas, puede detener el lugar y también se puede usar debajo de la frases para ayudar al niño/a seguir la frases. No se preocupe lo va dejar cuando comience a ser más despacio.

NORMAS ESTATALES COMUNES DE LENGUAJE Y ALFABETISMO

Habilidad de Leer: Habilidad Fundamentales: Concepto de imprimir

1a. Sigue palabras del izquierdo al derecho, de arriba al abajo y de página a página.

Leyendo el Periódico

Número de Personas: 2   Tiempo: 10 minutos

Materiales: Periódico

Descripción: El periódico tiene letras grandes. Apuntando a las letras y dejando su niño/a identificar la letra o el sonido que hace la letra, es un buen refuerzo para un nuevo lector.

NORMAS ESTATALES COMUNES DE LENGUAJE Y ALFABETISMO

Habilidad de Leer: Habilidad Fundamentales: Concepto de Imprimir

1b. Reconocer que palabras están representadas en lenguaje de escribir con secuencia específicas de letras.

Diversión de Alfabeto

Grado **K**

Número de Personas: 1+   Tiempo: 10-20 minutos

Materiales: Notes de pegar, lápiz o pluma

Descripción: Un oportunidad para ensenar letras es en l tiempo que está preparando la cena. Tenga notas de pegar, pluma, o lápiz junto de la estufa. Escriba una letra en un hoja. Pregúntale a su niño/a el nombre de esa letra. Luego pregúntale se puede encontrar algo en el cuarto que comienza con esa letra. Puede pegar la hoja en el objeto que encuentre. Variaciones: En vez de concentra en el nombre de la letra, usted puede concentrar en el sonido de la letra. Con uno de más experiencia de leyendo usted puede decir una palabra y su niño/a puede encontrar la letra que comienza con esa palabra.

NORMAS ESTATALES COMUNES DE LENGUAJE Y ALFABETISMO

Habilidad de Leer: Habilidad Fundamentales: Concepto de imprimir

1d. Reconocer el nombre de las letras mayúsculas y minúsculas del alfabeto.

Juego de Alfabeto

Número de Personas: 1+   Tiempo: 10-20 minutos

Materiales: nada

Descripción: Buscando letras es un juego divertido. Busca señales en la carretera y apunta la primera letra en la palabra del A a Z. Por ejemplo, 'A' una señal es 'Avenue' y 'B' es "Beach". Lo puede hacer al revés también.

NORMAS ESTATALES COMUNES DE LENGUAJE Y ALFABETISMO

Habilidad de Leer: Habilidad Fundamentales: Concepto de imprimir

1d. Reconocer el nombre de las letras mayúsculas y minúsculas del alfabeto.

Lo que aprendimos hoy...

_____

_____

_____

_____

_____

Letras Teclado

Número de Personas: 1+   Tiempo: 10-20 minutos

Materiales: Foto de un teclado con letras en las claves.

Descripción: Obtenga un foto de un teclado de computadora. Tiene todas las letras del alfabeto, mientras usted está trabajando en la computadora, deje que su niño/a coloree las letras de su nombre en la foto del teclado. Deje que le diga las letras cuando las está coloreando. Haga copias del teclado para después colorear otras palabras simples usando el teclado de letras.

NORMAS ESTATALES COMUNES DE LENGUAJE Y ALFABETISMO

Habilidad de Leer: Habilidad Fundamentales: Concepto de imprimir

1d. Reconocer el nombre de las letras mayúsculas y minúsculas del alfabeto.

Lo que aprendimos hoy...

_____

_____

_____

_____

_____

_____

Rimas

Grado **K**

Número de Personas: 2+   Tiempo: Varea

Materiales: Carro

Descripción: Escoge una palabra cuando este manejando. Deje que su niño/a piense en muchas palabras que riman con esa palabra antes de llegar a la primera destinación. Escoge otra palabra antes de llegar al segundo lugar.

NORMAS ESTATALES COMUNES DE LENGUAJE Y ALFABETISMO

Habilidad de Leer: Habilidad Fundamentales: Consiente en Fonología

2a. Producir y recitar palabras que riman.

Tiempo de Rima

Grado **K**

Número de Personas: 2   Tiempo: 15 minutos

Materiales: Nada

Descripción: Hay juegos de riman que varean. Una versión es de dar tu niño/a dos palabras y que él o ella te diga si, riman o no. Luego el niño/a le puede dar usted dos palabras y usted decir si, riman o no. Otra versión es el "Odd-one-Out". Darle al niño/a tres palabras, dos que riman y una que no riman. Deje que el niño/a le diga cual no rima. Hazlo un ritual para el tiempo de acostarse con un libro favorito. Los dos se van a divertir.

NORMAS ESTATALES COMUNES DE LENGUAJE Y ALFABETISMO

Habilidad de Leer: Habilidad Fundamentales: Consiente en Fonología

2. a. Reconocer y producir palabras que riman.

Letras de Computación

Número de Personas: 2+   Tiempo: 10-20 minutos

Grado **K**

Materiales: Teclado de Computadora

Descripción: Guarde un teclado de una computadora vieja. Cuando usted trabaja en su computadora deje que su hijo/a practique sonidos de letras en el teclado. Pregunte:¿ Donde está la letra que hace el sonido "tee"? En centré el sonido "fuh". ¿Qué letra hace el sonido "mmm"? Si puede poner un sistema de computadora para cuando él o ella escogen las letras las puede ver en la pantalla.

NORMAS ESTATALES COMUNES DE LENGUAJE Y ALFABETISMO

Habilidad de Leer: Habilidad Fundamentales: Reconocer Palabras y Fonología

3a. Demostrara aprendizaje básico para corresponder uno-a-uno sonidos de letras con los sonidos de cada consonante.

Palabras de Familias

Número de Personas: 2   Tiempo: 15 minutos

Grado **K**

Materiales: Papel y lápiz

Descripción: Algunas palabras vienen juntas. Palabras como cat, hat, fat, mat, and sat son de la familia de "at". Escriba

___at

at en un pedazo de papel. Deje que su niño/a escribe la primera letra de esa palabra que está en esa familia. Deje que su niño escriba todas palabras de esa familia. Luego puede usted cambiar la familia. Trate '-et', '-ig', '-op', o cual quiere familia de vocal-consonante. Esto es divertido para escribir y también ayuda con leyendo.

NORMAS ESTATALES COMUNES DE LENGUAJE Y ALFABETISMO

Habilidad de Leer: Habilidad Fundamentales: Reconocer Palabras y Fonología

3d. Distinguir palabras similares con los sonidos de las letras que son diferente.

Aprendiendo a Leer Viene en Pasos

Grado **K**

Número de Personas: 2   Tiempo: Minutos a Una hora

Materiales: Nada, solo mucho hablara y escuchar

Descripción: Como un niño/a aprende a hablar de solo a barboteo a decir frases completas, un niño aprende a leer en etapas. Primero escuchan los sonidos pero es más divertido cuando los sonidos hacen una palabra. Después, las palabras se juntan para formar un mensaje. Leyendo comienza con escuchando y luego hablando coherentemente. Apoye los cómo van-necesitan realimentación, pero no corrección dura. Practicar, practicar, practicar-Lo más que leen mejores lectores serán. Usted puede ayudar. Modele con leyendo usted –los niños/a les gustar hacer lo que otros hacen alrededor de ellos/as.

NORMAS ESTATALES COMUNES DE LENGUAJE Y ALFABETISMO

Habilidad de Leer: Habilidad Fundamentales: Fluencia

4. Lee textos de lector-emerger con entendimiento y propósito.

Lo que aprendimos hoy...

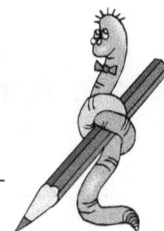

_____

_____

_____

_____

_____

_____

Dime Un Cuento

Número de Personas: 2 Tiempo: 10 minutos

Materiales: Papel y lápiz

Descripción: Deje que su niño/a escriba un cuento solo para usted. Deje que él/ella escriba cual quiere palabras que pueda. Alguna veces las palabras no se parecen como letras, pero el cuento y lo que escribió son de el/ella. Lo más grande y más experiencia que tenga, las letras y palabras van estar mejor.

NORMAS ESTATALES COMUNES DE LENGUAJE Y ALFABETISMO

Habilidad de Escribir: Tipos de texto y Propósitos

3. Usa combinación de dibujos, para escribir y dictar un evento o pocos eventos, hable de los eventos en el orden que ocurren y proveen una reacción de lo que paso.

Lo que Aprendí Hoy. . .

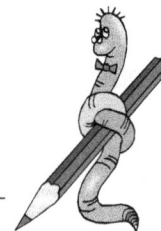

_____

_____

_____

_____

_____

_____

Cuentos En Voz Alta

Grado **K**

Número de Personas: 2+   Tiempo: 20 minutos

Materiales: Nada

Descripción: Deja que su niño/a recuerde de un libo él/ella ha leído o una experiencia que ha tenido. En cuanto él/ella esté listo escúchalo/a hablar del libro o explicar la experiencia. Cuando ha terminado haz preguntas. Esta es buena preparación para aprender habilidades organizar, secuencia, y memoria.

NORMAS ESTATALES COMUNES DE LENGUAJE Y ALFABETISMO

Habilidad de Escuchar y Hablar: Compresión y Colaboración

3. Hacer preguntas y responder para saber cómo agarra ayuda, obtener información o clarificar algo que no se entiende.

Cuentos para Decir

Grado **K**

Número de Personas: 1+   Tiempo: 15-30 minutos

Materiales: Papel, lápiz

Descripción: Deja que su niño/a haga un cuento y que se lo cuente a un adulto. El adulto escribe el cuento. El niño/a actuar el cuento.

NORMAS ESTATALES COMUNES DE LENGUAJE Y ALFABETISMO

Habilidad de Escuchar y Hablar: Presentación de conocimiento e ideas.

4. Describir personas, lugares, cosas, eventos, familiares sin apoyo y sugerir, proveer detalles adiciónales.

Escribir El Alfabeto

Número de Personas: 1+   Tiempo: 10-20 minutos

Materiales: Papel, lápiz

Descripción: En el tiempo que usted está preparando la cena su niño/a puede estar en la mesa escribiendo las letras del alfabeto. Él/ella puede hacer las letra mayúsculas, y luego las letras minúsculas o todas que él/ella saben. Trabaje en la formación de las letras y el espacio de las letras.

NORMAS ESTATALES COMUNES DE LENGUAJE Y ALFABETISMO

Habilidad Lenguaje: Convención en Habla y Lenguaje

1. a. Escribir letras mayúsculas y minúsculas.

Pista Catalogó

Grado **K**

Número de Personas: 1 Tiempo: 10-20 minutos

Materiales: Catalogó o periódico de correo

Descripción: Catalogo llegan a cas por correo. Un periódico tiene una sección con mucha variedad de fotos. Deje que su niño/a piste y escoja lo que le gusta. Deje que su niño/a circule los que le gustan y que él/ella lo describa. Esta actividad es buena para el vocabulario y también bueno porque usted puede saber qué hacer para los compélanos y días festivos.

NORMAS ESTATALES COMUNES DE LENGUAJE Y ALFABETISMO

Habilidad de Lenguaje: Uso de Lenguaje y Adquisición

5a. Sortear objetos comunes en categorías y obtener entendimiento de conceptos que representan las categorías.

Es malo que no mires una Estrella de Mar
en la Carreta.

Juego de Paseo

Grado **K**

Número de Personas: 1+   Tiempo: Extensión de Paseo

Materiales: Carrao, lista de cosas que encuentran en el lado de la carretera

Descripción: Hagan una lista de cosa que pueden buscar en la carretera-una troca rojo, una granja, señal de pizza, placa de matrícula de Oregón, etc. ¿Cuántos puedes encontrar? Que su niño/a describa todo lo que mire.

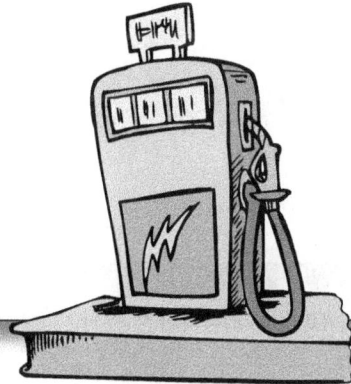

NORMAS ESTATALES COMUNES DE LENGUAJE Y ALFABETISMO

Habilidad de Lenguaje: Uso de Vocabulario y Adquisición

5c. Identificar conexión con cosas de la vida real con palabras y el use de las cosas.

Lo que aprendimos hoy...

_____

_____

_____

_____

_____

_____

Notas de Pegar

Número de Personas: 2   Tiempo: 15 minutos

Grado **1**

Materiales: Computadoras

Descripción: Muchas computadoras tiene la función de notas de pegar. Use la función notas de pegar para hacer preguntas a su niño/a después de leer un cuento. Espere para ver qué respuesta usted recibe. Comience sus notas con: quién, qué, cuándo, dónde, y cómo.

NORMAS ESTATALES COMUNES DE LENGUAJE Y ALFABETISMO

Habilidad de Literatura: Detalles e Ideas clave

1. Hacer y contestar preguntas sobre detalles y eventos en el texto.

Lo que Aprendí Hoy. . .

_____

_____

_____

_____

_____

_____

Cuentos en Voz Alta 2

Grado **1**

Número de Personas: 2+   Tiempo: 20 minutos

Materiales: Nada

Descripción: Si, hemos hecho antes, pero este ano va a trabajar mejor. Deje que su niño/a recuerde un cuento que él/ella a leyendo o que recuerde una experiencia. Cuando él/ella esté listo/a escúchalo/a cuando este explicando el cuento o experiencia. Cuando termine haz él /ella preguntas (¿Qué paso en el cuento? ¿Qué era tu favorito parte? ¿Quién te gusto más del cuento?) Esta es buena preparación para aprender habilidades organizar, secuencia, y memoria.

NORMAS ESTATALES COMUNES DE LENGUAJE Y ALFABETISMO

Habilidad de Literatura: Detalles e Ideas calve

2. Recordando un cuento demuestra entendimiento de detalles clave y mensaje central de la lección.

¿Quién lo Dice?

Grado **1**

Número de Personas: 1+   Tiempo: 10-20 minutos

Materiales: Libro

Descripción: Lee un cuento favorito y de vez n cuando pregunte ¿Quién está diciendo el cuento. ¿Es Christopher Robin? ¿Winnie the Pooh? O es otra persona diciendo el cuento? Haz la misma pregunta con un nuevo cuento.

NORMAS ESTATALES COMUNES DE LENGUAJE Y ALFABETISMO

Leyendo: Literatura

6. Identificar quien dice el cuento en puntos diferentes del texto.

Club de Libros

Número de Personas: 2+   Tiempo: 15-30 minutos   Grado **1**

Materiales: Libros Favoritos

Descripción: En un club de libros, todos los miembros leen el mismo libro y lo discuten. Este "Club de Libros" no es tan diferente. Usted lee el mismo libro que está leyendo su niño/a pero una versión diferente. Cuando los dos terminen discuten el libro junto. ¿De qué se trato el libro? ¿Quién era su favorito persona? En mita del libro haz la pregunta ¿Cómo piensa que se va acabar el libro? Hablen sobre como los libros son iguales y diferentes.

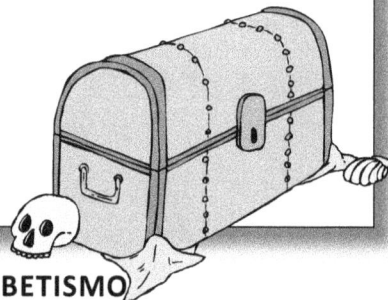

NORMAS ESTATALES COMUNES DE LENGUAJE Y ALFABETISMO

Habilidad de Lenguaje: Interrogación de Ideas y Entendimiento

9. Comprar y contrastar las aventuras y experiencias de los personajes en el cuento.

Leer en Voz Alta

Número de Personas: 2   Tiempo: Varea   Grado **1**

Materiales: Libro

Descripción: Mientras usted está manejando al mercado deje que su niño/a él lee un libro. Asegure que el libro es fácil para leer. No vaya querer que su niño/a se estaque con una palabra como 'supercalifragilistic' o con la palabra 'expealidocious' para entonces va estar manejando por la banqueta.

NORMAS ESTATALES COMUNES DE LENGUAJE Y ALFABETISMO

Habilidad de Literatura: Estar al alcance y nivel de texto

10. Con apoyo y sugerir leer propósito y poesía apropiado para el 1 grado.

¿Cuantas Estrellas puede usted encontrar en el mercado?

Lista de Mercado

Número de Personas: 1+   Tiempo: 10-20 minutos

Grado **1**

Materiales: Mercado y lista de mercado

Descripción: Cuando usted va al mercado, ensene a su niño/a tres cosas en la lista del mercado. Pídele que las busque. Esta actividad es buena para leer y aprender como sigue direcciones.

NORMAS ESTATALES COMUNES DE LENGUAJE Y ALFABETISMO

Habilidad de Leyendo para Información del texto: Estructura y Arte

4 Hacer y contestar preguntas para clarificar y determinar lo que significa las palabras y frases del texto.

Lo que aprendimos hoy...

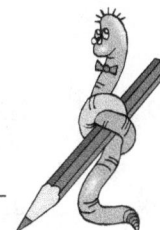

_____

_____

_____

_____

_____

_____

No se le olvide comenzar una frase con letra mayúscula.

Frase Revuelta

Número de Personas: 2   Tiempo: 10 minutos

Grado **1**

Materiales: Pedazos chiquitos de papel, lápiz

Descripción: Mientras esta revolviendo huevos en la cocina su niño/a puede revolver frases. Haga una lista de frases cortas. Deje que él/ella mire una frase con usted y leer la con usted. Escriba la frase en un pedazo de papel y corta las palabras. Mezcla las palabras y deje que su niño/a ponga las palabras en el orden correcto. Cuando termine con una frase, haz otra. No se le olvide los puntos y las mayúsculas. Puede leer la frase durante el tiempo del desayuno.

NORMAS ESTATALES COMUNES DE LENGUAJE Y ALFABETISMO

Habilidad de Literatura: Habilidades Fundamentales

1a. Reconocer y distinguir frases (ej. Primera palabra, mayúsculas, y puntuación).

Lo que aprendimos hoy...

_____

_____

_____

_____

_____

_____

Gropos de Palabras

Número de Personas: 2   Tiempo: 15 minutos

Materiales: Papel y lápiz o usted lo puede hacer en voz alta

Descripción: Palabras de familias (o juego de palabras) con sonidos mezclados (dos letras que hacen un sonido) pueden hacer para un tiempo interesante. La familia de "at" es úna buena para comenzar. Cuantas palabras puede hacer su niño/a poniendo dos letras juntos con las letras "_____at" puede agregar "br para hacer la palabra "brat" o "dr" para hacer 'drat' o 'sp' para hacer 'splat'. ¿Quién puede hacer más palabras? Trata "ar", "et", "ay". Hay muchas otras.

NORMAS ESTATALES COMUNES DE LENGUAJE Y ALFABETISMO

Habilidad de Leer: Habilidades Fundamentales

2b. Producir palabras singulares de un sílaba con mezclar sonidos, incluyendo mezclados de consonantes.

Buscar Palabras

Grado 1

Número de Personas: 1+   Tiempo: 10-20 minutos

Materiales: Notas de Pegar

Descripción: Escriba nombres de objetos en la casa usando las notes de pegar. Pegue las notes en los objetos del la casa. Mezclar las para más diversión. Pon las note de pegar que dice lámpara en el escritorio y la note de computadora en la ventana. Pregúntale a su niño/a que ponga las notas con el objeto correcto.

NORMAS ESTATALES COMUNES DE LENGUAJE Y ALFABETISMO

Habilidad de Leer: Habilidades Fundamentales: Reconocimiento de Palabras

3. Saber aplicar el nivel de grado para analizar palabras.

Buscar Las Palabras

Número de Personas: 1+   Tiempo: 10-20 minutos   Grado 1

Materiales: Papel, lapiz

Descripción: Escriba una palabra grande como 'Halloween' o 'Thanksgiving' en un pedazo de papel. Mire cuantas palabras su niño/a puede hacer usando las letras de esas palabras. Agregue otra regla: todas las letras tiene que estar en el orden que aparecen en la palabra. "Hall", "own", y "we" pueden contar en la palabra 'Halloween'. "Won" no cuenta porque las letras no están en orden. Usted puede jugar con o sin esta regla.

NORMAS ESTATALES COMUNES DE LENGUAJE Y ALFABETISMO

Habilidad de Leer: Habilidades Fundamentales

3. Saber aplicar el nivel de grado para analizar palabras.

Bingo de Vocabulario

Número de Personas: 1+   Tiempo: 15-30 minutos   Grado 1

Materiales: Tarjetas de Juego Bingo con palabras en los cuadros, frijoles, M&M®s
Descripción: Usa tarjetas de Bingo pero remplace los números con palabras de libros de su niño/a. Palabras comunes son mejor: the, have, said, come, give, of. Pon las mismas palabras en papelitos. Saque las palabras de un plato hondo y diciendo la palabra. Deje que su niño/a tape las palabras en la tarjeta cuando usted las diga. Lo puede tapar con un frijol o dulce M&M®s, talves usted deje su niño/a comerse la línea cuando gane. Cinco al lado, abajo o diagonal es un Bingo. Si usa dulces deje que se coman la linea con que ganó.

NORMAS ESTATALES COMUNES DE LENGUAJE Y ALFABETISMO

Habilidad de Leer: Habilidades Fundamentales: Fonología y Reconocimiento de Palabras

3. Saber aplicar al nivel de grado para analizar palabras.

¿Puede Usted encontrar una Estrella de Maren el fondo del plato?

Leer El Desayuno

Número de Personas: 1+   Tiempo: 15 minutos   Grado **1**

Materiales: Salavamanteles, colocación de plato, plato hondo, cajas de cereal con palabras

Descripción: Coloque letras en el salvamanteles, un plato hondo con mensajes abajo, cajas de cereales con cuentos o letras de cereal.

Diga el sonido de la letra y parte de una palabra en voz alta y luego que su niño/a la busque en la caja de cereal o salvamanteles.

NORMAS ESTATALES COMUNES DE LENGUAJE Y ALFABETISMO

Habilidad de Leer: Habilidades Fundamentales: Concepto de Imprimir

3a. Saber deletrear-los sonidos correspondent pesara consonantes comunes.

Lo que aprendimos hoy...

_____

_____

_____

_____

_____

_____

Palabras Difíciles

Número de Personas: 1+   Tiempo: 10-20 minutos

Materiales: Algo que leer

Descripción: Hay variedad de cómo los niños/as aprenden nuevas palabras. Tal vez usan el sonido de letras como una pista. Pueden usar un dibujo como una pista. Pueden pasar la palabra y luego regresar para ver que va con las otras palabras. Tratan de adivinar la palabra, o comienzan de nuevo. Tal vez solo tomen unos segundos para que el niño/a encuentre la palabra correcta con las pistas. Usted va tener que busca el modo de no ayudarle muy pronto o de no esperar mucho tiempo a ayudarlo que no se frustre el niño/a. Usted conoce su niño/a. Apoyelo/la cuando lee y él/ella va estar bien.

NORMAS ESTATALES COMUNES DE LENGUAJE Y ALFABETISMO

Habilidad de Leer: Habilidades Fundamentales: Fluencia

4. Leer con suficiente fluencia y precisión para apoyar comprensión.

Lo que aprendimos hoy...

_____

_____

_____

_____

_____

_____

Mis Palabras

Grado **1**

Número de Personas: 2   Tiempo: 5 minutos

Materiales: Palabras de imán

Descripción: Diferente juegos de imán con palabras están disponibles en las tiendas. Yo tengo varias de estos. Usa las palabras para escribir una frase en el refrigerador cada mañana. Cuando entra a la cocina ella/él puede leer la frase en voz alta. "¿Qué quieres para el desayuno?" "¿Va a ser un día caliente?" "¿Qué va hacer después de la escuela?" Va a gustar le saber la frase que va usar para el día.

NORMAS ESTATALES COMUNES DE LENGUAJE Y ALFABETISMO

Habilidad de Leer: Habilidades Fundamentales

4a. Leer en nivel con propósito y entendimiento.

Frases Mezcladas

Grado **1**

Número de Personas: 2   Tiempo: 10 minutos

Materiales: Tiras de papel, lápiz, tijeras

Descripción: Deje que su niño/a le diga una frase. Puede hacer de cualquier cosa-un mascota favorito, una fiesta de cumpleaños, o cualquier cosa de interés. Escriba la frase en un tira de papel. Luego corta la tira de papel en las palabras de la frase. Deje que su niño/a ponga las palabras en la orden de el frase y que el niño/a lee la frase en voz alta.

NORMAS ESTATALES COMUNES DE LENGUAJE Y ALFABETISMO

Habilidad de Leer: Habilidades Fundamentales

4c. Usando contexto para confirmar o corregirse mismo usando reconocimiento de palabra y entendimiento de leer como sea necesario.

¿Qué Es?

Número de Personas: 2   Tiempo: 20 minutos

Materiales: Papel y lápiz

Descripción: Pregúntale a su niño que escriba una descripción que usted pueda averiguar. Debe incluir pistas del objeto. Después que termina, que lea lo que escribió mientras usted tratala de averiguar el objeto. Si usted no puede averiguarlo que su niño/a escriba otra frase con otra pista.

NORMAS ESTATALES COMUNES DE LENGUAJE Y ALFABETISMO

Habilidad Escribir: Propósito y Tipos de Texto

1. Escribir pedazos de opinión donde presentan el nombre o tema del libro de que ellos están escribiendo, declaran una opinión, dan una razón para la opinión y proveer un sentido de terminar.

Enfoca Escribir

Grado **1**

Número de Personas: 2   Tiempo: 15 minutos

Materiales: Papel, lápiz, un objeto

Descripción: Escoja un objeto favorito de su niño/a- un a pierda, una concha, muñeca, o juguete. Pon el objeto sobre la mesa en frente de él/ella y pregúntale que escriba una frase sobre el objeto. Usted puede ayudarle con deletrear si lo necesita. Si a penas está comenzando a escribir un cuadro del alfabeto el ayudará. Que lee la frase en voz alta cuando termine.

NORMAS ESTATALES COMUNES DE LENGUAJE Y ALFABETISMO

Habilidad de Escribir

2. Escribir textos informativos/explicativo en que nombran el tema, dan información realidad sobre el tema y proveen un sentido de terminar.

Buscando letras y palabras.

Juego (s) de Carro

Grado **1**

Número de Personas: 1+   Tiempo: Extensión de Paseo

Materiales: Carro, lista de cosas que se encuentran en el lado de la carretera

Descripción: En el camino al mercado o casa de abuelitos pueden tener una lista de cosas que pueden miran en la carretera. Pueden buscar letras, objetos con palabras. Buscando las letras del alfabeto en orden siempre es divertido. ¿Puede él/ella buscar palabras en señales que comienzan con la letra T? Si es un objeto el niño/a tiene que dar una descripción completa para saber que la encontró.

NORMAS ESTATALES COMUNES DE LENGUAJE Y ALFABETISMO

Habilidad de Habla y Escuchar: Presentación de Conocimiento y Ideas

1. Participar in conversiones de parejas del grado 1 temas y textos del grado con otros niños/as adultos en grupos grandes y chicos.

Lo que aprendimos hoy...

_____

_____

_____

_____

_____

_____

¿Conoce Usted cuentos sobre Estrellas de Mar?

Libros Grabados	Grado **1**
Número de Personas: 1+	Tiempo: 10-20 minutos	

Materiales: Libros, grabaciones

Descripción: A los niños/as les encanta escuchar cuentos. Durante tiempos de cuento, grabe el cuento favorito de su niño/a cuando usted se lo está leyendo. Así va a poder escucharlo antes del tiempo de dormir cuando usted no pueda estar allí. Teléfonos inteligente y iPads® ahora tienen esta capacidad. A terminar el cuento, haz preguntas que usted puede hablar con su niño/a. No se le olvide hablar.

NORMAS ESTATALES COMUNES DE LENGUAJE Y ALFABETISMO

Habilidad de Habla y Escuchar:

2. Hacer y contestar preguntas sobre detalles claves en un texto que se lee en voz alta o información presentada oralmente por medios de tecnología.

Lo que aprendimos hoy...

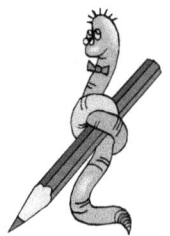

_____

_____

_____

_____

_____

_____

Mirando la Televisión

Número de Personas: 2   Tiempo: 5 minutos

Materiales: Televisión

Descripción: Hacer el tiempo de televisión valioso. En el tiempo de comerciales, pregúntale a su niño/a ¿Qué ha pasado hasta este momento? ¿Luego qué va a pasar? ¿Qué otras maneras puede terminar? Desarrollo de lenguaje y habilidades de pensar se pueden construir durante el tiempo de mirar un programa.

NORMAS ESTATALES COMUNES DE LENGUAJE Y ALFABETISMO

Habilidad de Hablar y Escuchar

3. Hacer y contestar preguntas sobre lo que dice alguien para obtener información adicional o para clarificar algo que no se entiende.

Libro de Revista

Número de Personas: 1+   Tiempo: 10-20 minutos

Materiales: Papel, revistas, tijeras, pegamento

Descripción: Grapar o poner cinta en hojas blancas juntas para hacer un libro. Luego su niño/a puede cortar fotos de revistas y pegarlas en el libro. Que cada hoja sea para grupos de cosas similares. Por ejemplo, poner carros en la primera página, barcos en la segunda página, y computadoras en el tercer pagina. Él/ella puede describir las paginas cuando esté listo/a.

NORMAS ESTATALES COMUNES DE LENGUAJE Y ALFABETISMO

Habilidad de Habla y Escuchar: Presentación de Conocimiento y Ideas

4. Describir personas, lugares, cosas, y eventos con detalles, con ideas y sentimientos claros.

Escribir Alfa

Grado **1**

Número de Personas: 1+   Tiempo: 10-20 minutos

Materiales: Papel y lápiz

Descripción: Mucha practica escribiendo letras ayuda con habilidades para leer y escribir. Hay bastante tiempo para practicar escribiendo letras durante el tiempo que está preparando la cena, cuando esta lavando la ropa, o cuando está sacudiendo. Que su niño/a escriba las letras mayúsculas y minúsculas.

NORMAS ESTATALES COMUNES DE LENGUAJE Y ALFABETISMO

Lenguaje: Convenciones del Idioma Inglés

1a. Imprimir todas las letras mayúsculas y minúsculas.

Hoy, Mañana, y Ayer

Grado **1**

Número de Personas: 1+   Tiempo: 10-20 min

Materiales: Nada

Descripción: Deja que su niño/a describa el día que tuvo. Luego haz la pregunta. ¿Qué paso en la escuela? Por ejemplo: Yo jugué con la pelota en el tiempo de recreo; ¿Qué paso ayer? Ejemplo: Yo jugué afuera; ¿Qué va hacer mañana? Yo voy a ir a la fiesta de Mary.

NORMAS ESTATALES COMUNES DE LENGUAJE Y ALFABETISMO

Lenguaje: Convenciones del Idioma Inglés

1e. Usar verbo para comunicar el pasado, presente...

¿A Quién Conoces?

Número de Personas: 2   **Tiempo:** 15 minutos

Materiales: Nada

Descripción: Jugar un juego de a quién conoces. ¿Cuántas personas conoce y su usted y su niño/a para hacer un lista. Primer nombre y apellido si lo recuerda. Asegure que la primera letra del nombre es mayúscula. Ahora piense en más nombres para su lista.

NORMAS ESTATALES COMUNES DE LENGUAJE Y ALFABETISMO

Lenguaje: Convenciones del Idioma Inglés

2a. Usar letras mayúsculas para nombres y fechas.

Lo que aprendimos hoy...

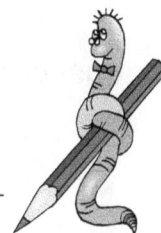

_____

_____

_____

_____

_____

_____

_____

Tratar de hacer la palabra Estrella en Munchos de Palabras

Mundo de Palabras

Número de Personas: 1+   Tiempo: 10-20 min

Grado **1**

Materiales: Libros

Descripción: Word World (Mundo de Palabras) en la televisión y internet son buenas maneras de jugar con palabras. Si usted no ha visto una borrega hecho de palabras no ha visto Word World (Mundo de Palabras). Hay varios juegos que uno puede jugar en el internet. Un favorito en buscando palabras que llena los espacios blancos usando letras para hacer animales y objetos.

NORMAS ESTATALES COMUNES DE LENGUAJE Y ALFABETISMO

Habilidad de Lenguaje: Uso de Vocabulario y Adquisición

4a. Usar nivel de frase como contexto de una clave.

Lo que aprendimos hoy...

_____

_____

_____

_____

_____

_____

_____

Cuentos Para Recordar 2

Grado **2**

Número de Personas: 2   Tiempo: 15 minutos

Materiales: Libro (solo si lo ocupa)

Descripción: Su niño/a tiene cuentos favoritos. Deje que él/ella recuerde el cuento y que se lo le diga cuente. Si él/ella no saben un cuento usted el puede leer un libro y luego el niño/a puede decir el cuento que acaba de escuchar. Haz preguntas para que no vaya a perder ningún detalle.

NORMAS ESTATALES COMUNES DE LENGUAJE Y ALFABETISMO

Habilidad de Leyendo para Literatura: Detalles e Ideas Calves

1. Hacer y contestar preguntas como quién, qué, dónde, cuándo, por qué y cómo para demostrar conocimiento de detalles en el texto.

Haciendo Leyendo Divertido

Grado **2**

Número de Personas: 1+   Tiempo: 10-20 minutos

Materiales: Libros

Descripción: Aquí hay algunas ideas para hacer estar leyendo divertido:

- El Viernes o Sábado, planee el tiempo de dormir más tarde para que todos pueden leer un cuento o fábula en la cama antes de que se duerman.
- Una noche que esté lloviendo, provee a todos con una linterna eléctrica y deje que leen por una hora, luego que recuerden el cuento.
- Una noche por semana en el tiempo de la cena que todos compartan el cuento que están leyendo y que significa para él/ella.
- Ponga una tienda de campaña afuera para un tiempo de leer.

NORMAS ESTATALES COMUNES DE LENGUAJE Y ALFABETISMO

Habilidad de Lectura para Literatura: Detalles e Ideas Claves

2. Recordar cuentos, incluyendo fabulas de culturas diversas, y determinar el mensaje central, lección o moral.

Leer En Voz Alta 2

Grado **2**

Número de Personas: 2 Tiempo: Varea

Materiales: Libro

Descripción: El carro es una oportunidad buena para leer. Deje que su niño/a él lee en voz alta en el carro mientras usted está manejando a la tiendo, o a cualquier. Habla de cómo el cuento va junto y cómo termina.

BURGER .... $l#
FRIES .... $l#
SHAKE ..... $l#
PIZZA ..... $l#

DRIVE-THRU

NORMAS ESTATALES COMUNES DE LENGUAJE Y ALFABETISMO

Habilidad de Lectura o Literatura: Detalles e Ideas Claves

5. Describir la estructura completa del cuento, incluyendo como comienza el cuento y como la terminación concluye el cuento.

Cuento y Video

Grado **2**

Número de Personas: 2 Tiempo: Varia

Materiales: Una película que se hizo de un libro y un libro en que se hizo película

Descripción: El maestro/a de mi hijo enseñó el video "James and the Giant Peach." Llegó a la casa hablando positivamente de la película así que, secamos el libro de la biblioteca y la pel`cula de la tiendo de video. Luego hablamos de la diferencia entre el libro y el video. Trata esto con su niño/a esta tarde.

NORMAS ESTATALES COMUNES DE LENGUAJE Y ALFABETISMO

Habilidad de Lectura o Literatura: Estructura y Arte

9. Compara y contraste dos o más versiones del mismo cuento (ej., cuentos de Cinderella) de diferente autor o de diferentes culturas.

¡Se asustar usted el tira un calcetín!

El Día de Lavar Leer en Voz Alta

Número de Personas: 2 Tiempo: 15 minutos

Grado **2**

Materiales: Libro

Descripción: Deje a su niño/a él leer mientras usted sortea la ropa para lavar. Si tiene un problema con una palabra usted siempre puede tirarle un calcetín.

NORMAS ESTATALES COMUNES DE LENGUAJE Y ALFABETISMO

Habilidad de Lectura para Literatura: Al Nivel del Texto Complejo

10. Para el final del ano, saber leer y comprender literatura, incluyendo cuentos y poetas, en los grado 2-3 andamiaje como sea necesario al nivel del texto complexo.

Lo que aprendimos hoy...

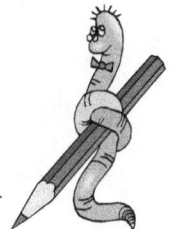

_____

_____

_____

_____

_____

_____

Comience a pensar en preguntas de los cuentos.

20 QQCDC Preguntas

Número de Personas: 2   Tiempo: 15 minutos

Materiales: Cuentos favoritos

Descripción: Después de que usted y su niño/a hayan terminado de leer algo, haz preguntas. Comience hacer preguntas con: quiné, qué, cuándo, dónde, y cómo. ¿Quién fue su personaje favorito? ¿Qué hizo él/ella? ¿Cuándo paso este cuento? A ver qué respuesta usted recibe.

NORMAS ESTATALES COMUNES DE LENGUAJE Y ALFABETISMO

Habilidad de Leyendo para Información de Texto: Detalles e Ideas Claves

1. Hacer y contestar preguntas cómo, quién, qué, dónde, cuándo, por qué y cómo para demostrar conocimiento de detalles en el texto.

Notas Divertidas

Número de Personas: 2   Tiempo: 20 minutos

Materiales: Papel, lápiz

Descripción: Un día que usted tiene que estar afuera del pueblo, deje notas alrededor para su niño/a. Deje las notas en la mesa, en la caja de lonche, en la bolsa de la chamara, en el espejo del baño. Algunas notas pueden dar dirección o instrucciones, y otras notas ser chistosas. Es divertido para él/ella y usted no se va a sentir culpable por no estar allí.

NORMAS ESTATALES COMUNES DE LENGUAJE Y ALFABETISMO

Habilidad de Lectura para Información de Texto: Estructura y Arte

6. Identificar el propósito del texto, incluyendo la pregunta que el autor quiere contestar o explicar o describir.

Leérmelo Otra Vez

Número de Personas: 2   Tiempo: 15 minutos

Materiales: Libro Favorito y trastes sucio

Descripción: Mientras usted lava los trastes, escucha su niño/a leyendo, cheque para ver si su niño/a entiende lo que está pasando en el cuento. No tiene que parar de lavar los trastes. Haz una pregunta y que sigapar leyendo parte de "Goldilocks encontrando los tres platos." Si él entiende el cuento va poder buscar esa parte fácil, y usted puede escuchar sus partes favoritas. Pregúntale que lea otro cuento, como sus favoritos de diferentes autoras. Hablen de lo que es igual y diferente.

NORMAS ESTATALES COMUNES DE LENGUAJE Y ALFABETISMO

Habilidad de Lectura para Información de Texto: Detalles e Ideas Claves

9. Compare y contraste los más importante puntos de dos textos del mismo tema.

Usted es un Lector Estrelar.

Leyendo una Revista

Número de Personas: 2   Tiempo: 10-20 minutos

Materiales: Revista al nivel del niño/a

Descripción: Deje que su hijo/a le ayude leer un artículo de revista. Depende si es un lector avanzado, deje que él/ella lea en voz alta las palabras que sabe, o que lea la primera frase y usted lo demás, o pueden tomar turnos leyendo párrafos. Esta actividad les da tiempo para compartir el tiempo con su niño/a.

NORMAS ESTATALES COMUNES DE LENGUAJE Y ALFABETISMO

Habilidad de Lectura para Información de Texto

10. Al final del ano, leer y comprender texto informacional, incluyendo historia/social, cencía, y texto técnico, in Grado 2-3 andamiaje como sea necesario al nivel del texto complexo.

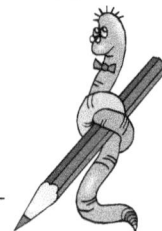

Palabras Difíciles

Número de Personas: 1+   Tiempo: 10-20 minutos

Materiales: Algo para lee

Descripción: Hemos hecho esto antes, pero es importante saberlo este ano también. Hay variedad de cómo los niños/as aprenden nuevas palabras. Tal vez usan el sonido de letras como una pista. Los dibujos proveen una idea. Pueden pasar la palabra y luego regresar para a ver que va con las otras palabras. Tratan de adivinar la palabra, o comienzan de nuevo. Tal vez solo tomen unos segundos para que el niño/a encuentre la palabra correcta con las pistas. Usted va tener que busca el modo de no ayudar muy pronto o de no esperara mucho tiempo a ayudarlo que se frustre el niño/a. Usted conoce su niño/a. Apoye lo/la cuando lea y él/ella va estar bien.

NORMAS ESTATALES COMUNES DE LENGUAJE Y ALFABETISMO

Habilidad de Leer: Habilidades Fundamentales: Fonología y Reconocimiento de Palabras

3. Saber aplica fonología al nivel del Grado y analizar las palabras

Letras que Faltan

Número de Personas: 1+   Tiempo: 10-20 minutos

Materiales: Tiza, pizarrón blanco, tiza o marcador, borrador

Descripción: Teniendo un pizarrón en su concina le da tiempo para hacer cosas con su niño/a mientras usted prepara la cena. Deje que escriban una frase en el pizarrón y luego que cierren los ojos. Luego, usted borre unas letras cuando él/ella avara los ojos y tiene que poner las letras que faltan. O usted puede remplazar las letras con letras incorrectas y dejar que él/ella averigüe cuales son las incorrectas. (No se le olvide menear el sartén).

NORMAS ESTATALES COMUNES DE LENGUAJE Y ALFABETISMO

Habilidad de Lectura: Habilidades Fundamental

3. Saber aplica fonología al nivel del Grado y analizar las palabras

Amigos de Leer

Número de Personas: 2   Tiempo: 15 minutos

Materiales: Libros

Descripción: A veces es duro sacar tiempo extra para leer cuando usted está muy ocupada, pero hay otras persona que pueden ayudar. Deje que los niños/a lean a abuelitos, amigos, vecinos, hermanos, y hermanas. Cuando nuestras niñas estaban chicas y comenzaron a leer, sus hermanos leyeron cuentos para la escuela. También era nuestra regla que tienen que leer 100 páginas antes de mirar la televisión. Los niños recibieron puntos extra por leer los cuentos a sus hermanitas.

NORMAS ESTATALES COMUNES DE LENGUAJE Y ALFABETISMO

Habilidad de Lectura: Habilidades Fundamental: Fluencia

4. Leer con bastante fluencia y precisión para apoyar comprensión

Ejercer Su Niño/a Leyendo

Grado **2**

Número de Personas: 1+   Tiempo: 10-20 minutos

Materiales: Libros

Descripción: Mientras usted hace ejercicio en una bicicleta, deje que su niño/a lea en voz alta. El/ella puede leer y usted no tiene que contar los segundos para terminar. Orta alternativa es él o ella pueden leer calladito y después decirles el cuento.

NORMAS ESTATALES COMUNES DE LENGUAJE Y ALFABETISMO

Habilidad de Lectura: Habilidades Fundamental: Fluencia

4. Leer con bastante fluencia y precisión para apoyar comprensión

Usted puede hacer el Estrella en su propio cuento.

Yo Primero. . .

Número de Personas: 2   Tiempo: 20 minutos

Grado **2**

Materiales: Papel, lápiz o computadora

Descripción: A veces un niño/a necesita un tema para escribir. Una hoja blanca es un poco espantoso para un escritor. Los niños/as pueden escribir por mucho tiempo cuandose le da un tema para escribir. Puede comenzar con una pregunta: ¿Que es su favorito perrito, actividad en la escuela, programa de televisión, o mejor amigo/a? La pregunta puede ser de lo que usted sabe le interesa a su niño/a.

NORMAS ESTATALES COMUNES DE LENGUAJE Y ALFABETISMO

Habilidad de Escribir: Tipos de Texto y Propósito

1. Escribir opiniones en que presentan el tema o libro que están escribiendo, declara un opinión, da razones que apoyan el opinión, usar palabras que se en trancan (eg. Porque, y, también) para conectar la opinión y razones, y proveer una declaración de conclusión.

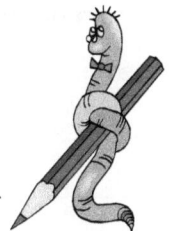

Lo que aprendimos hoy...

_____

_____

_____

_____

_____

_____

Comienza su secadora de pelo y a escribir

Sécalo Bien		Grado **2**
Número de Personas: 1+	Tiempo: 10-20 minutos	

Materiales: Papel, lápiz

Descripción: Hay mucho ruido para conversación cuando se está secando el pelo por eso deje a su niño/a escribirle notas con mucho detalle. Esto es bueno para escribir, deletrear, y contar secretos.

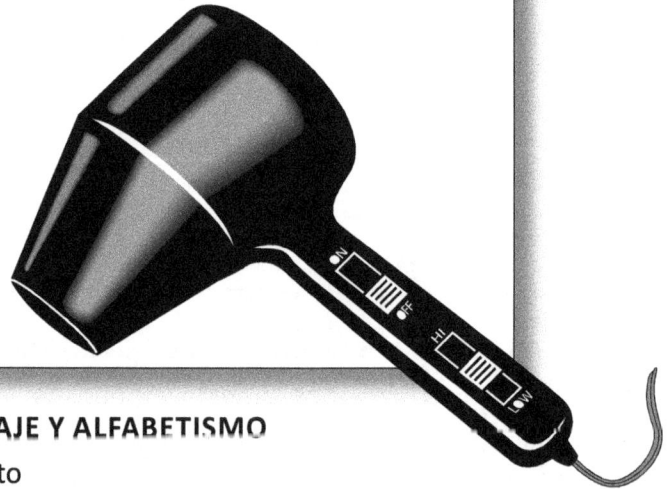

NORMAS ESTATALES COMUNES DE LENGUAJE Y ALFABETISMO

Habilidad de Escribir: Tipos de Texto y Propósito

2. Escribir texto informativo/explicativo en que presentan un tema, usan realidad y definición para desarrollar puntos, y proveer una declaración de conclusión.

_____

_____

_____

_____

_____

_____

Incitarme

Número de Personas: 1   Tiempo: 30 minutos

Materiales: Papel y lápiz o computadora

Descripción: Déle a su niño/a unas primeras palabras de un cuento o tema y luego deje que él/ella escriba lo que quiera. Puede ser: "Era una noche oscura y espantosa…,"; "Ayer por la noche mi perro…"; "Viernes después de escuela, yo…"; y así. Esto se puede usar en cual edad. Si usted comienza cuando su niño/a está chico y se convierte en un juego o costumbre, usted lo puede estar haciendo hasta que termine el High School. Usted puede envolver esta actividad con otras materias de la escuela, especialmente historia.

NORMAS ESTATALES COMUNES DE LENGUAJ´ ALFABETISMO

Habilidad de Escribir: Tipos de Texto y Propósito

3. Escribir narrativas en que recuentan un evento bien elaborado o secuencia corta, incluye detalles para describir acción, pensamientos, y sentimientos, usa palabras para significar orden de evento, y proveer una conclusión.

Cartas A Abuelita

Número de Personas: 3   Tiempo: 20 minutos

Materiales: Papel y lápiz

Descripción: Cartas siempre son divertidas para mandar y recibir, y abuelitas son unbuen lugar para comenzar. Deje que su niño/a escriba una carta a su abuelita. Enséñale como incluir la fecha (para que sepa cuando la escribió), salutación ("Querida Abuelita" le dice para quien es la carta), el cuerpo (lo que le quiere decirle), terminación, (con amor), y la firma (le dice de quién es la carta). A lo mejor toma un poco de correcciones, pero cuando acaba va estar muy bien. Abuelitas son buenas para que uno les escriba porque ellas escriben de vuelta.

NORMAS ESTATALES COMUNES DE LENGUAJE Y ALFABETISMO

Habilidad de Escribir: Producción y Distribución de Escribir

5. Con guía y apoyo de adultos y compañeros, enfocarse en un tema y reforzar escribiendo con correcciones y revisión.

Escribiendo Cartas

Número de Personas: 2   Tiempo: 30 minutos

Grado **2**

Materiales: Papel y lápiz

Descripción: Mientras usted está escribiendo correos electrónicos a sus amigos, deje que su niño/a escriba un correo electrónico también. Mandando correo electrónicos a abuelitos, o primos-alguien quien va a escribir de vuelta. Esto es bueno para reforzar escribir y leer.

NORMAS ESTATALES COMUNES DE LENGUAJE Y ALFABETISMO

Habilidad de Escribir: Producción y Distribución de Escribir

6. Con guía y apoyo de adultos, usar una variedad de herimientas digitales para producir escritura, incluyendo colaboración con compañeros.

Buscarlo

Número de Personas: 2   Tiempo: 30 minutos

Grado **2**

Materiales: Diccionario, tesauro, atlas

Descripción: Usando materiales de referencia debe comenzar temprano. Pídale a su niño que escriba un cuento sobre dinosaurios, o volcanes, o espacio exterior. Escoja algo que le interesa al niño/a pero que no sabe mucho de esa tema. Ayúdale buscar lo que él/ella ocupe de libro de referencia—un diccionario, tesauro, atlas o lo que él/ella necesita.

NORMAS ESTATALES COMUNES DE LENGUAJE Y ALFABETISMO

Habilidad de Escribir: Investigar para Construir Conocimiento

7. Participar en investigaciones sobre temas que escribir (ej. Leer libros sobre un tema para producir un reporte; grabar observaciones de ciencia).

No Puede Ir a La Tienda de Libros

Número de Personas: 1+   Tiempo: 10-20 minutos

Materiales: Ofertas de Club de Libros

Descripción: Su niño/a tal vez trae a la casa Arrow, Scholastic, u otras ofertas de club de libros de la escuela. Estas compañías ofrecen precios baratos para los libros. Si estas publicaciones no están disponible en la escuela trata www.amazon.com. Cuando reciban los libros que ha ordenado, comparte el tiempo juntos para leerlos.

NORMAS ESTATALES COMUNES DE LENGUAJE Y ALFABETISMO

Habilidad de Hablar y Escuchar: Comprensión y colaboración

1. Participar en conversaciones con personas diversas sobre temas de grado 2 y sobre textos con compañeros y adultos in grupos chicos y grandes.

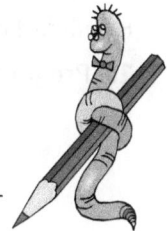

Libros con cuentos de héroes es un buen cuento

Cuentos En Voz Alta-3

Número de Personas: 2+   Tiempo: 20 minutos

Grado **2**

Materiales: Nada

Descripción: Otra vez más, deje que su niño/a recuerde un libro que él/ella ha leído en su clase o algo que aprendió en la escuela. Cuando él/ella esté listo, escúchalo explicar el libro o experiencia. Cuando termina hazle preguntas. Esto es buen preparación para habilidades para organizar, secuencia, memoria, y más.

NORMAS ESTATALES COMUNES DE LENGUAJE Y ALFABETISMO

Habilidad de Hablar y Escuchar: Comprensión y colaboración

1c. Pregunte para más clarificación y explicación sobre los temas y textos de discusión.

El Horario

Número de Personas: 2   Tiempo: 15 minutos

Materiales: TV, horario de TV

Descripción: Habla con su niño/a sobre cuales programas pueden ver. Hable de los programas y los temas que va a cubrir. Circule las que usted y él/ella quieren ver. Esta actividad ayuda con escuchar, hablar, leer, organizar su tiempo, y evitar estar cambiando los canales mucho.

NORMAS ESTATALES COMUNES DE LENGUAJE Y ALFABETISMO

Habilidad de Hablar y Escuchar:

2. Recuerde o describa las ideas claves o detalles del texto o leer en voz alta la información presentado oralmente de la televisión.

Mirando La TV 2

Grado **2**

Número de Personas: 2   Tiempo: 5 minutos

Materiales: TV

Descripción: TV es una parte grande de nuestras vidas entonces vamos a hacer que valga la pena. Escoja programas que quiere ver el niño/a y luego le puede hacer preguntas sobre lo que está pasando, y de qué están hablando los personajes, y come creen que se termina el programas. Puede ver si sus predicciones serán correctas.

NORMAS ESTATALES COMUNES DE LENGUAJE Y ALFABETISMO

Habilidad de Hablar y Escuchar: Comprensión y colaboración

3. Hacer y contestar preguntas sobre lo que está diciendo la persona, para clarificar comprensión, obtener información adicional, o tener más conocimiento sobre el tema.

Escuchando TV

Número de Personas: 2   Tiempo: 15 minutos

Materiales: Programa de televisión

Descripción: Aquí esta otra actividad de TV. Si usted tiene capacidad de grabar, grabe el programa y mire solo la mitad. Deje que su niño/a le diga tres posibilidades de cómo puede terminar el programa. Escoja el fin favorito y regrese al programa para ver como termina.

NORMAS ESTATALES COMUNES DE LENGUAJE Y ALFABETISMO

Habilidad de Hablar y Escuchar: Presentación de conocimiento y ideas
4. Decir un cuento o una experiencia con realidad, detalles descriptivas, hablando en frases coherentes.

Libro de Dibujos

Grado 2

Número de Personas: 1+   Tiempo: 10-20 minutos

Materiales: Papel, revistas, tijeras, pegamento
Descripción: Grape o pegue hojas de papel con cinta para hacer un libro. Hacer cada hoja un artículo. Deje que su niño/a haga dibujos sobre un tema particular o de varios temas. Él/ella le puede decir un cuento o relacionar una experiencia sobre las cosas que ha dibujado.

NORMAS ESTATALES COMUNES DE LENGUAJE Y ALFABETISMO

Habilidad de Hablando y Escuchando: Presentación de conocimiento y ideas.
5. Grabar cuentos o poemas, agregar dibujos o otros visuales para decir un cuento o experiencia cuando sea apropiado para clarificar ideas, pensamientos, y sentimientos.

Direcciones, Direcciones

Número de Personas: 2   Tiempo: 20 minutos

Materiales: Esos artículos que su niño/a dice que necesita

Descripción: Deje que su niño/a le dé direcciones. Una manera divertida para hacer ésto pregúntale a su niño/a que le diga cómo hacer un sándwich de crema de cacahuate. Díle que usted va a seguir las direcciones que le da. Si ella le dice que ponga la crema de cacahuate en el pan, hagalo. Tal vez tenga que poner la crema de cacahuate con sus dedos si no le dice que use un cuchillo. Muy pronto va saber la importancia de dar todas la direcciones.

NORMAS ESTATALES COMUNES DE LENGUAJE Y ALFABETISMO

Habilidad de Habla y Erscuchar: Comprensión y colaboración

6. Producir frases completas cuando es para un trabajo u orden de situación para proveer los detalles o clarificación.

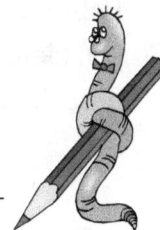

Vamos a contar con 6 para la cena.

Siguiendo Direcciones

Número de Personas: 2   **Tiempo: 15 minutos**   Grado **2**

Materiales: Mesa de la cena

Descripción: Puede convertir el tiempo de preparación para comer en más que un quehacer. Pídale a su niño/a que ponga las cucharas en la meza, ponga los vasos juntos a los platos, y las servilletas sobre los platos. Usted puede hacer sus propias direcciones. Tal vez no va poner la mesa completa, pero su niños estan practicando direcciones oral de tres y cuarto pasos. Hazlo todas las noches y él/ella mejarará en hacerlo.

NORMAS ESTATALES COMUNES DE LENGUAJE Y ALFABETISMO

Habilidad de Lenguaje: Uso de vocabulario y adquisición

5a. Identificar cosas de la vida real para hacer conexiones entre la palabra y el uso (ej., describir comida que es caliente o jugosa.)

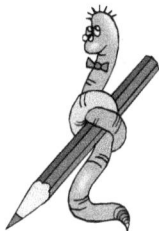

Hacer su propria actividad para libro de juego

Lenguaje y Alfabetismo

Grado

Número de Personas:　　　　　Tiempo:

Materiales:

Descripción:

NORMAS ESTATALES COMUNES DE LENGUAJE Y ALFABETISMO

Lenguaje y Alfabetismo

Grado

Número de Personas:　　　　　Tiempo:

Materiales:

Descripción:

NORMAS ESTATALES COMUNES DE LENGUAJE Y ALFABETISMO

Hacer su propria actividad para libro de juego

Lenguaje y Alfabetismo
Grado

Número de Personas: Tiempo:

Materiales:

Descripción:

NORMAS ESTATALES COMUNES DE LENGUAJE Y ALFABETISMO

Lenguaje y Alfabetismo
Grado

Número de Personas: Tiempo:

Materiales:

Descripción:

NORMAS ESTATALES COMUNES DE LENGUAJE Y ALFABETISMO

MATEMÁTICAS

K - 2

Actividades Libro de Juegos para Padres

¿Quiere agregar su actividad favoritos la siguiente Libro de Juegos para Padres? Use la forma que esta al fin del libro o se puede comunicar con el editor:

info@engagepress.com • www.engagepress.com

Dra. Joni Samples   **Normas Estatales Comunes de Matemáticas**

Normas Estatales Comunes de Matemáticas

Kindergarten

    Contando y Número Cardinal

    Operaciones y Pensamiento de Algebra

    Números y Operaciones Básicas en Diez

    Datos y Medidas

    Geometría

Grado 1

    Operaciones y Pensamiento de Algebra

    Números y Operaciones Básicas en Diez

    Datos y Medidas

    Geometría

Grado 2

    Operaciones y Pensamiento de Algebra

    Números y Operaciones Básicas en Diez

    Datos y Medidas

    Geometría

Llamadas Telefónicas

Número de Personas: 2   Tiempo: 10 minutos

Materiales: Teléfono

Descripción: Se toma practica sabré usar el teléfono. Deje que su niño/a llame a un pariente. Marca los números en el orden correcta es una habilidad que se aprende, y el va querer hablar con alguien que conoce.   Usted no quiere llamarhacer un vecino enojado. Márquele a otro amigo o pariente. Una secuencia de números no es igual que el otro.

NORMAS ESTATALES DE MATEMÁTICAS

Contando y Número Cardinal: Saber nombre de los números y contar secuencia

2. Contar por delante cuando se la da un numero conociendo la secuencia (en vez de comenzar del 1).

Desayuno de Matemáticas

Grado **K**

Número de Personas: 2 o mas   Tiempo: 20 minutos

Materiales: Salvamanteles de plato con números

Descripción: Usamos el salvamanteles de platos con fotos y números. Por ejemplo, uno tiene el número 5 con cinco cerezas. Algunos teenen problemas de sumar, restar, multiplicar, y dividir. Depend iendode la edad y habilidad del niño, cada niño tiene uno debajo de su plato con cada comida. Tomamos turnos para identificar los números y resolver los problemas de matemáticas.

NORMAS ESTATALES DE MATEMÁTICAS

Contando y Número Cardinal: Contar los números de objetos

4b. Comprender que el último número dicho dice cuántos objetos hay. El número de objetos es siempre igual no importante el arreglo o orden en que fueron contados.

Operaciones y Pensamiento de Algebra

5. Corrientemente sumar y restar dentro de 5

Reconocimiento de Números en Licencia

Grado K

Número de Personas: 2　　　Tiempo: 15 minutos

Materiales: Carro

Descripción: Mientras está viajando, deje que sus pequeñitos identifiquen números de las placas de matrícula de los carros. Pueden comenzar con números singular, y luego pueden tratar con números dobles. Si tiene niños más grandes deje que suman los números.

NORMAS ESTATALES DE MATEMÁTICAS

Contando y Números Cardinales: Compara Números

7. Compara dos números entre 1 y 10 presentados en números escritos.

Lo que aprendimos hoy...

_____

_____

_____

_____

_____

Guerra

Número de Personas: 2+   Tiempo: 30 or + minutos

Materiales: Cartas de Jugar

Descripción: El juego de cartas "Guerra" es divertido y ayuda a los jóvenes aprender y comprender el concepto de más de y de menos de. Divide las cartas igualmente entre los jugadores. Los jugadores ponen sus cartas boca bajo y voltean la carta de arriba. El jugador con la carta más alta de número gana todas las cartas que fueron volteadas. El ganador es la persona con las más cartas cuando todas las cartas se han volteado.

NORMAS ESTATALES DE MATEMÁTICAS

Contando y Número Cardinales: Compara Números

6. Identificar si el número de objetos en un grupo es más de, menos de, o igual que los números de otros objetos en otro grupo.

SORTEAR EL GARAJE

Grado **K**

Número de Personas: 2   Tiempo: 20 minutos

MATERIALES: Artículos en el garaje

Descripción: Su garaje es un buen lugar para colectar datos y tal vez no lo sabe. Hay calvos, tornillos u otros artículos que se mezclan juntos. Deje que su niño de kínder sortee los. Botones en una caja de botones los puede sortear por color o textura. Sorteando y clasificando objetos es el primer etapa para comprender algebra. Cuando estén los objetos sorteados, deje que su niño los cuente en los grupos los más altos que él/ella puede contar.

NORMAS ESTATALES DE MATEMÁTICAS

Datos y Medida: Clasificar objetos y contar los números de objetos in cada categoría.

3. Clasificar objetos en categoría; contar los objetos en cada categoría y sortear las categoría con contando.

Inclinar la Escala

Número de Personas: 1   Tiempo: 15 minutos

Materiales: Escala de comida, varios tipos de comida

Descripción: Una escala de comida es una buena manera para hacer actividades de matemáticas. Deje que su niño detenga una manzana en una mano y un durazno en la otra mano. ¿Cuál es más pesado? Use la escala para pesar los dos. Su niño va a querer a tartarlo con otras cosas para ver cuántas veces él/ella esté correcto. El reto más trabajoso sera adivinar cuantos pesa la manzana.

NORMAS ESTATALES DE MATEMÁTICAS

Datos y Medidas: Describir y compara medidas de objetos

1. Describir las medidas de los objetos, como el peso, o lo largo. Describir varias medidas de un objeto singular.

Tienda de Formas

Grado **K**

Número de Personas: 1+   Tiempo: Varea

Materiales: El Mercado

Descripción: Enseñe a su niño sobre las formas diferente como, cilindro, círculo, cuadro, cubo, esfera, cono, y rectángulo. En el mercado, díle a su niño que le ensene todos los cilindros que encuentre. Luego, que encuentre todos los cuadros que él pueda. Hay muchas formas en la tienda. A ver cuántos puede buscar su niño de cada forma.

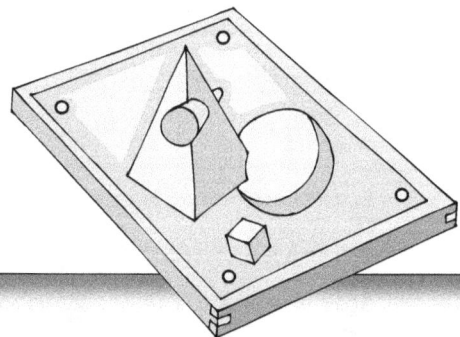

NORMAS ESTATALES DE MATEMÁTICAS

Geometría: Identificar y describir formas (cuadros, círculos, triángulos, rectángulos, hexágono, cubos, conos, cilindros, y esfera).

2. Correctamente nombrar las formas sin importantar la orientación o tamaño.

¡Comienza a contar!

Tiempo de Matemática con La Familia en la Casa · Grado K

Número de Personas: Muchas   Tiempo: 2 horas

Materiales: Invitación a la Noche de Matemáticas con la Familia de la escuela

Descripción: Eventos en la Escuela como Noche de Matemáticas son bueno para ayudar a los padres y niños disfrutar de matemáticas.

Padres y niños hacen actividades de matemáticas en diferentes lugares alrededor de la escuela. Tangáramos y construir un edificio de bombones son dos ejemplos. Puede jugar estos juegos con la familia en la casa.

NORMAS ESTATALES DE MATEMÁTICAS

Geometría: Analizar, comparar, crear, y componer formas

5. Modela formas en el mundo con construir con formas de componentes y dibujos de formas.

Lo que aprendimos hoy...

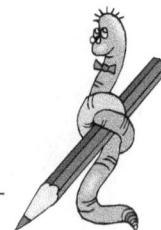

_____

_____

_____

_____

_____

_____

Volumen de Cosas

Número de Personas: 2   Tiempo: Minutos

Grado **K**

Materiales: Bolsa de papel, cosas de su gabinete

Descripción: Llene una bolsa de papel con comida, puede ser una manzana, pelota de ping pong, sujetapapeles. Deje que su niño saque algo de la bolsa y describa el tamaño, forma, peso, y lo largo. Repite hasta que esté vacío la bolsa.

NORMAS ESTATALES DE MATEMÁTICAS

Datos y Medidas: Comparar y Describir atributos de medidas

1. Describir los atributos de objetos, como lo largo, el peso. Describir varios atributos de un solo objeto.

Lo que aprendimos hoy...

_____

_____

_____

_____

_____

_____

¿Quien Viene a Cenar?

Número de Personas: 2   Tiempo: 10-15 minutos

Materiales: Cosas para la cena

Descripción: Cuando esté preparando la cena, hay muchas maneras de hacer matemáticas. Deje que su niño ponga los utensilios para la cena. ¿Cuántos cucharas se van a ocupar? ¿Cuántos tenedores? ¿Cuchillos? ¿Cuántos platos? Invita a amigos para la cena y lo pueden hacer otra vez. ¿Qué pasa cuando alguien de la familia no está para la cena?

NORMAS ESTATALES DE MATEMÁTICAS

Operaciones y Pensamiento de Algebra: Representación y resolver problemas incluyendo sumar, y restar.

1. Usar sumar y restar con 20 para resolver problemas de palabras con situaciones de sumar a, quitar algo, juntar cosas, apartar cosas, y comparar con cosas de todas posiciones.

Lo que aprendimos hoy...

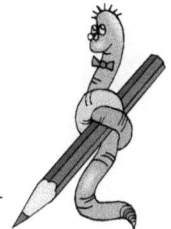

_____

_____

_____

_____

_____

_____

Sumar Dados

Número de Personas: 2+   Tiempo: 15-30 minutos   Grado **1**

Materiales: Juego de dados

Descripción: Hay varias maneras de jugar con dados. Puede tirar los dados y su niño puede escribir los números como un problema de matemática. Por ejemplo, 4+2=___. Deje que su niño que escriba la respuesta. Luego usted sigue. Deje que su niño cheque su respuesta.

NORMAS ESTATALES DE MATEMÁTICAS

Operaciones y Pensamiento de Algebra: Trabajar con problemas de sumar y restar.

7. Comprender el sentido de la señal igual, y determinar si las problemas que incluyen sumar y restar son verdaderas o falsas.

Contar La Navidad

Número de Personas: 2   Tiempo: 15 minutos   Grado **1**

Materiales: Árbol de Navidad, con las decoraciones, regalos

Descripción: Mis niños les gustan contar los regalos bajo del árbol de Navidad. Deje que su niño haga lo mismo. Cuando están contando puede contar otras cosas, como esferas rojas, aules o, verde. ¿Cuántas esferas en total? ¿Cuánto luces están prendidos? Deje que apunten sus respuestas. Si usted celebra los días festivos en otra manera, encuentre cosas que su niño puede contar.

NORMAS ESTATALES DE MATEMÁTICAS

Números y Operaciones en Base de Diez: Extender la secuencia de contar

1. Contar a 120, comenzar con numero menos de 120. En este nivel, leer y escribir números y representa objetos con números.

Diamantes se ven un poco como una Estrella.

Cartas Sumar y Restar Cartas

Número de Personas: 2   Tiempo: 15 minutos

Grado **1**

Materiales: Baraja sin las cartas de cara

Descripción: Tome turnos en escoger dos cartas. Una persona decide antes de escoger una carta si va a sumar o restar con las otras cartas que escogieron. Por ejemplo, 4 de corazones, más 2 de espadas, o 9 diamantes, quitar 2 de clubs.

NORMAS ESTATALES DE MATEMÁTICAS

Operaciones y Pensamiento de Algebra: Sumar y restar dentro 20

6. Sumar y restar entre 20, demostrando afluencia para sumar y restar dentro 10.

Lo que aprendimos hoy...

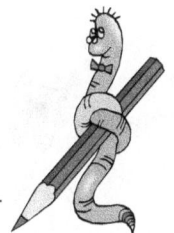

_____

_____

_____

_____

_____

_____

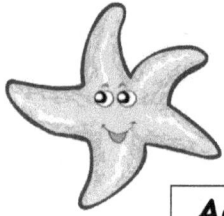

¿Que hay Estrella en la bolsa?

Adivinar La Bolsa de Comida

Número de Personas: 2   Tiempo: 30 muntes

Grado **1**

Materiales: Una bolsa de la tienda, escala
Descripción: Escoja tres objetos de su bolsa. Deje que su niño adivine cual es más largo. Mide el objeto con una regla o cinta de medir para ver si está correcto. ¿Cuál es el más largo? ¿Cuál es el más corto?

NORMAS ESTATALES DE MATEMÁTICAS

Datos y Medidas: medir por lo largo indirectamente y las unidades de largo.

1. Pon en orden tres objetos por largo; comparar dos objetos a lo largo usando el tercer objeto.

Lo que aprendimos hoy...

_____

_____

_____

_____

_____

_____

Lenguaje Lego®

Número de Personas: 1+   Tiempo: 15 minutos

Grado 1

Materiales: Un juego de Legos

Descripción: A muchos niños les gusta Legos, y Legos ayudan a ensenar sobre formas y estructura. Deje que su niño construya objetos diferentes. Por ejemplo, puede construir una torre; luego lo puede deshacer y hacer un objeto redondo; lo puede deshacer, y hacer un nave de espacio.

NORMAS ESTATALES DE MATEMÁTICAS

Geometría: Conocimiento de las formas y los atributos

2. Compositar formas de dos-dimensión o tres-dimensión para construir un compuesto de formas, y hacer nuevas formas del compuesto.

Matemáticas de Placas de Licencia

Número de Personas: 1+   Tiempo: Varea

Grado 2

Materiales: Carro

Descripción: En el carro, jugamos un juego de placas de licencia. Buscamos problemas con números de las placas. Sumar los primero dos números. Por ejemplo 4+5=? Si mejoran las habilidades pueden sumar los primeros tres números, 4+5+3=? Cambia el juego y los dos primeros números pueden hacer solo un número. Por ejemplo, 453VUG se hace en 45. Pude sumar 45 a 3. 45+3=____. Si tiene más que un niño en el carro, pueden tomar turnos o hacer una competencia para ver quién puede sumar los más números.

NORMAS ESTATALES DE MATEMÁTICAS

Números y Operaciones en Base de Diez

Saber sumar y restar dentro de 100 usando estrategias basadas por volumen, propiedad de operaciones, y/o la relación entre sumar y restar.

Hacer Inventario

Grado **2**

Número de Personas: 2   Tiempo: 30+ minutos

Materiales: Tornillos en el garaje, frijoles en la cocina

Descripción: Deje que su niño le ayude a contar su inventario, como tonillos en el garaje o frijoles en la cocina. ¿Cuántos tiene? ¿Son diferentes? Sera más fácil sortearlos en montones de 10.

NORMAS ESTATALES DE MATEMÁTICAS

Números y Operaciones en Diez: Comprender lugar de volumen

2. Contar dentro de 1000; contar en paso de 5s, 10s, y 00s.

Juego de Cubo de Dinero

Grado **2**

Número de Personas: 2   Tiempo: 30 minutos

Materiales: Varias monedas, un cubo con números

Descripción: Comienza un juego con un montón de monedas. Deje que su niño ruede el cubo de números. Puede garralel número de cntavos (pennies) que salen en el cubo de números. Luego usted tome un turno. Cuando ella tenga 5 pennies, que lo cambie para una moneda de cinco. Cuando tenga 10 centavos, que lo cambie por una moneda de diez. Deje que ella el ayude a cambiar sus monedas. La primera persona en obtener un dólar gana.

NORMAS ESTATALES DE MATEMÁTICAS

Datos y Medida: Trabajar con tiempo y dinero

8. Resolver problemas con billete de dólar, 25 centavos, diez centavos, cinco centavos, y centavos (pennies), usando a.m. y p.m., usando símbolos apropiados $ y ¢.

Si usted tiene problema, trata de comenzar de nuevo.

Juego de Monedas

Número de Personas: 1   Tiempo: 10-20 minutos

Materiales: Monedas

Descripción: Tome varias monedas en su mano. Diga algo como, "Tengo 12 centavos y tres monedas en mi mano. ¿Qué monedas tengo?" Su niño tiene que visualizar las monedas, saber el valor, y sumarlas. Repite ésto. Como un premio puede darle la cantidad más alta que hizo re correctamente.

NORMAS ESTATALES DE MATEMÁTICAS

Datos y Medidas: Trabajar con tiempo y dinero

8. Resolver problemas de palabras que tiene que ver con billetes, 25 centavos, centavos de diez, cinco, y centavos, usando a.m. y p.m., usando símbolos apropiados $ y ¢.

Lo que aprendimos hoy...

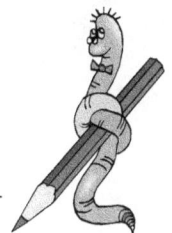

_____

_____

_____

_____

_____

_____

_____

Cambio de la Lavandería

Número de Personas: 2   Tiempo: 20 Minutos

Materiales: Ropa para lavar, lavandería, cambio

Descripción: Si visita la lavandería, lleva a su niño con usted Deje que su niño le ayude con el cambio y poner el cambio en la maquina de lavar.

NORMAS ESTATALES DE MATEMÁTICAS

Operaciones y Pensamiento de Algebra: Representar y resolver problema una u que incluyen sumar y restar.

1. Usar sumar y restar dentro de 100 para resolver problemas de palabras con uno y dos pasos con situaciones de sumar, tomar algo, juntar cosas, apartando cosas, y compar con cosas de todas posiciones.

Lo que aprendimos hoy...

_____

_____

_____

_____

_____

_____

Jugar Tienda

Número de Personas: 2   Tiempo: 30+ minutos

Materiales: Artículos de comida, stickers, marcadores

Descripción: Jugar tiendo juntos. Deje que su niño decida el precio de los artículos. Usted puede hacer al cliente que compre dos latas de tomate, y un cartón de huevos. No va tener que usar centavos o decimal. Que todo cueste dólares (ej. $1 por cada lata de tomate, $2 por cada cartón de huevos, y $5 por carne molida). ¿Cuánto debe usted?

NORMAS ESTATALES DE MATEMÁTICAS

Números y Operaciones basados en Diez: Comprender el lugar de volumen y propiedad de operaciones para sumar y restar.

7. Sumar y restar dentro de 100, usando dibujos o modelos concretos y estrategias basados por lugar de volumen, propiedades de operaciones, y/o la relación entre sumar y restar; relacionar la estrategia al método escrito.

Regalos y Moños

Número de Personas: 2   Tiempo: Mas o menos una hora

Materiales: Regalo cintas, monos y una vara de medir

Descripción: Envolviendo paquetes siempre es divertido. ¿Cuántas yardas de cinta usted ocupa para envolver todos los regalos? Deje que su niño adivine la cantidad, y luego lo puede medir mientras usted envuelva cada uno. ¿Cuál regalo usó más cinta? ¿Cuál uso menos? ¿Cuál adivinación fue mas cercaa lo que usó?

NORMAS ESTATALES DE MATEMÁTICAS

Datos y Medida: Medir y adivinar a lo largo en normas de unidades

3. Adivinar a lo largo usando unidades de pulgadas, pies, centímetros, y metros.

Agarrando un Sentido para el Tiempo

Número de Personas: 1   Tiempo: A lo menos una semana

Materiales: Hoja de papel, reloj, lápiz

Descripción: Mi hijo James nunca agarr tiempo para jugar. Y también dijo que pasa una hora sacando la basura. Decidí enseñarle del tiempo. Ayuda a su niño gravar cuanto tiempo dura para hacer quehaceres. Y luego haz lo mismo para actividades de juego. Ayuda a su niño hacer un simple gráfico para que él/ella mire el tiempo para jugar y trabajo.

NORMAS ESTATALES DE MATEMÁTICAS

Datos y Medida: Representación y interpretación de datos

10. Hacer un gráfico de dibujos para representar un juego de datos con cuatro categorías. Resolver simple con juntando, quitando, y comparando problemas usando información presentado en el gráfico.

Cartas de Bingo

Número de Personas: 2   Tiempo: 15 minutos

Materiales: Papel, lápiz, y una vara de medir

Descripción: A niños les gusta jugar el bingo. Haciendo sus propias cartas de bingo es divertido y ayuda promover habilidades de matemáticas. Dale a su niño una hoja rectangular. (Mitad de una hoja de copia trabaja bien.) Ayúda lo que doble la hoja en columnas y líneas seguidas. ¿Cuántos cuadros hay? Ahora usted puede llenar los cuadros con números para un juego de bingo.

NORMAS ESTATALES DE MATEMÁTICAS

Geometría: Da razón con formas y sus atributos

2. Hacer un rectángulo en columnas y líneas seguidas del mismo tamaño y contar para saber el numero total.

¡Siempre he sido parcial al flan!

¿Pastel o Flan?

Número de Personas: 2   **Tiempo:** 15 minutos   Grado **2**

Materiales: Pastel o flan (o potos de pasteles o flan)

Descripción: Deje que su niño corte un pedazo de pastel en dos partes iguales. ¿Tal vez tres pedazos iguales? Ahora cuatro. Mire los pedazos juntos para haber si son iguales. Luego goce del pastel.

NORMAS ESTATALES DE MATEMÁTICAS

Geometría: Da razón con formas y sus atributos

3. Hacer círculos y rectángulos en pedazos de dos, tres, o cuarto partes iguales, describe las partes usando palabras mitad, terceros, un tercero de, etc. Y describe el entero, dos mitades, tres terceros, cuarto cuartos. Reconoce que partes iguales de un entero no tiene la misma forma.

Lo que aprendimos hoy...

_____

_____

_____

_____

_____

_____

¿Usted Sabe el Estado que tiene una Estrella en la placa de matrícula?

Colectables

Número de Personas: 1+   Tiempo: 10-20 minutos

Grado **2**

Materiales: frasco; variedad de cosas chicas

Descripción: Ponga variedad de cosas en un frasco- llaves, tapaderas de botellas, tornillos, seguros, sujetapapeles, etc. Deje que su niño sortee las cosas y marque cuántos hay de cada uno. ¿Cuántas llaves y sujetapapeles? ¿Cuántos hay de cada uno? Usted promueve las matemáticas usando cosas que a la mejor iba tirar. Ayude a su niño hacer un gráfico simple para ver cuánto hay en cada uno.

NORMAS ESTATALES DE MATEMÁTICAS

Datos y Medida: Representa y interpretar datos

10. Hacer un gráfico de dibujos y barra para representar datos de cuarto categorías. Resolver con juntar, quitar, y comparar problemas usando información representado en el gráfico.

Matemáticas en Llantas

Número de Personas: 2   Tiempo: 20 minutos

Grado **2**

Materiales: Carro, placas de matrículas, papel y lápiz

Descripción: Mientras esté de viaje, mire una placa de matrícula. Usando los números en la placa, mire cuantos 6's hay. Por ejemplo, si el número es TGY 4631, ¿dónde está el seis? El segundo número es 6. 4+3-1=6. (4+6)-(3+1)=6 Tiene la idea.

NORMAS ESTATALES DE MATEMÁTICAS

Resolver problemas con números de patones simples.

Lo que aprendimos hoy...

_____

_____

_____

_____

_____

_____

Hacer su propria actividad para libro de juego

Matemáticas   Grado

Números de Personas: Tiempo:

Materiales:

Descripción

NORMAS ESTATALES COMUNES DE MATEMÁTICAS

Matemáticas   Grado

Números de Personas: Tiempo:

Materiales:

Descripción

NORMAS ESTATALES COMUNES DE MATEMÁTICAS

Hacer su propria actividad para libro de juego

Matemáticas   Grado

Números de Personas: Tiempo:

Materiales:

Descripción

NORMAS ESTATALES COMUNES DE MATEMÁTICAS

Matemáticas   Grado

Números de Personas: Tiempo:

Materiales:

Descripción

NORMAS ESTATALES COMUNES DE MATEMÁTICAS

CIENCIA

K - 2

Actividades Libro de Juegos para Padres

¿Quiere agregar su actividad favoritos la siguiente Libro de Juegos para Padres? Use la forma que esta al fin del libro o se puede comunicar con el editor:

info@engagepress.com • www.engagepress.com

Dra. Joni Samples   Normas Estatales Comunes de Ciencia

Normas Estatales de Ciencia
Grado K-2

El propósito de la Normas Estatales es de que los estudiantes lleven a cabo la literatura de ciencia. Las Normas que se usan en las siguientes páginas no son las Normas Nacionales porque todavía no se has adoptado. Las Normas que se usan para las actividades son Normas que se usan por todos los distritos en la nación.

Las Normas del K-8 son un mapa continuo que se está construyendo de un habilidad tras otra. Este mapa nos dice como llegar al destino final. Literatura científica sigue aumentando en los lugares de trabajo. Más y más trabajos demandas habilidades científicas.

La Normas Estatales Comunes de Ciencia proveen las expectativas para desarrollar el entendimiento y la habilidad para los estudiantes en el curso de la educación del K-8. Hemos hecho una lista de las Normas Estatales Comunes de Ciencia en la siguiente página para que le ayude comprender como cada actividad se conecta a cada Norma.

Norma A: Averiguación de Ciencia

    Habilidades necesarias para hacer una averiguación de ciencia

    Entendimiento de averiguaciones científicas

Norma B: Ciencia Física

    Propiedades de objetos y materiales

    Posición y moción de objetos

    Luz, calor, electricidad, y magnetismo

Norma C: Ciencia Vida

    Características de organismos

    Ciclo de vida de organismos

    Organismos y el ambiente

Norma D: Espacio Exterior y La Tierra

    Propiedades de materiales de la tierra

    Objetos en el cielo

    Cambios en la tierra y el cielo

Norma E: Tecnología y Ciencia

    Habilidades de diseño de tecnología

    Entendimiento sobre ciencia y tecnología

    Habilidades de distinguir entre objetos naturales y objetos hecho por humano

Normas F: Ciencia en Perspectivas en Personal y Social

    Salud Personal

    Características y cambios en población

    Tipos de recursos

    Cambios en el ambiente

    Retos en ciencia y tecnología

Normas G: Ciencia de Naturaleza e Historia

    Ciencia como un humano esfuerzo

    Ciencia de la naturaleza

    Ciencia de historia

Comida de Pájaro

Número de Personas: 2   Tiempo: 15 minutos

Grado **K**

Materiales: Comida de pájaro

Descripción: Si pone comida de pájaro afuera de la ventana le da una oportunidad que usted y su niño pueden mirar a diferente pájaros. Puede poner comida de pájaro y puede aprender de diferentes pájaros. Puede contar los diferentes tipos y cuales les gusta más la comida.

CIENCIA NACIONAL NORMA A 2

Niños aprenden como observa y describir similares y diferencias en la presencia y comportamiento de plantas y animales.

Lo que aprendimos hoy...

_____

_____

_____

_____

_____

_____

Juguetes de Ciencia

Número de Personas: 1+   Tiempo: 15 minutos

Materiales: Juguetes de Ciencia

Descripción: Hormigas, pez, plantas de tomate, y vidrio de aumento pueden servir cómo un proyecto divertido. Hacen un regalo bueno que promueve el aprendizaje. ¿Qué más quiere?

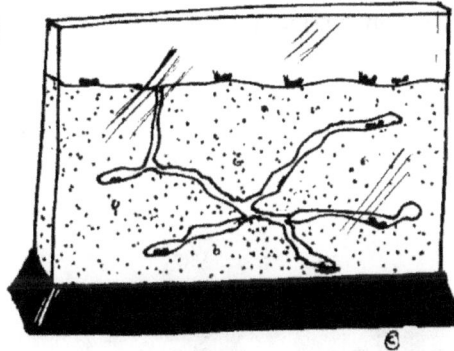

CIENCIA NACIONAL NORMA A 2

Estudiantes aprenden como observar y describir similares y diferencias en la presencia y comportamiento de plantas y animales haciendo preguntas.

Tiempo de Bañarse

Grado K

Número de Personas: 1   Tiempo: 20 minutos

Materiales: Juguetes en la tina

Descripción: A losiños les gusta jugar con juguetes en la tina. ¿Por qué flotan algunas cosas? Un pierda no flota. ¿Por qué flota un patito? La palabra es densidad. Una piedra tiene más densidad que los juguetes. Deja que traten algunos juguetes que tenga más densidad que otros. Deja que traten varias veces. Encuentre los que flotan. (Solo aseguren que tenga su propio patito y no de usted).

CIENCIA NACIONAL NORMA B 1

Estudiantes aprenden que pueden describir objetos del material en que están hechos (ej., papel, tela, arcilloso) y sus propiedades físicas (ej. Color, tamaño, forma, meso, textura, flexibilidad, atracción a imán, flotando, hundirse).

Visitar el Zoológico

Grado K

Número de Personas: 2+   Tiempo: Varios horas

Materiales: Zoológico

Descripción: Visitar el zoológico es un viaje de ciencia. ¿Dónde estan las gorilas? ¿Porque están las culebras en cajas de vidrio? ¿Porque las cebras tiene líneas? ¿Qué es lo mismo de los animales? ¿Qué es diferente? Tome fotos y pueden hacer un álbum o cuadro sobre su viaje.

VISIT THE
ZOO

CIENCIA NACIONAL B 1

Estudiantes aprenden como observar y describir similares y diferencias en la presencia y comportamiento de plantas y animales.

Cubos

Grado K

Número de Personas: 2   Tiempo: 20 minutos

Materiales: Cubos de hielo

Descripción: ¿Por qué se derriten los cubos de hielo? Derrite algunos y mire que pasa. ¿Se derrite más pronto cuando esta más caliente? ¿Cómo puede convertir el agua otra vcez en un cubo de hielo.

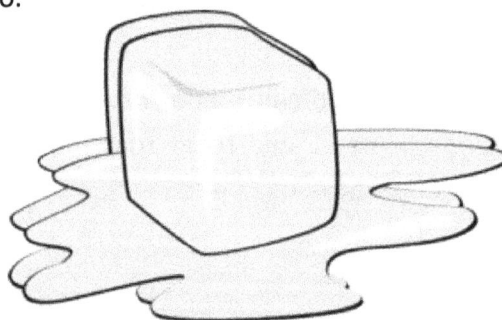

CIENCIA NACIONAL NORMA B 3

Niños aprenden que agua puede hacer liquido o sólidos y se puede cambiar de una forma a la otra con calentarlo y enfriarlo.

¿Puede adivinar la materia del polvo de estrella?

Sólidos, Líquidos, Gases

Número de Personas: 2   Tiempo: 30 minutos

Materiales: Varias cosas de diferente materiales, ej. Un cubo de hielo, un vaso de agua, un bote de soda, comida de gato y un sartén.

Descripción: Ayuda a su niño identificar los tres estados de materia-sólidos, líquidos, y gas. Deja un cubo de hielo en un plato mientras usted habla de las otras cosas y el cubo se va a cambiar de un sólido a un líquido. Hable de las otras cosas, el vaso de agua, el bote de soda, la comida del gato y el sartén. El vaso es sólido pero el agua es líquido. Lo mismo para el bote de soda. La comida de gato es sólida. El sartén es sólido, el agua es líquido, pero cuando calienta el agua en el sartén se hace en vapor que es gas.

CIENCIA NACIONAL NORMA B 3

Niños aprenden que agua puede ser liquido o sólido y se puede cambiar de una forma a la otra con calentarlo o y refrescarlo.

Lo que aprendimos hoy...

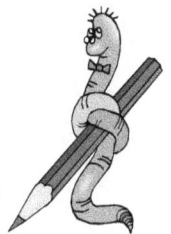

_____

_____

_____

_____

_____

_____

Cuando termine su castillo de arena, tal vez algunas Estrellas de Mar se meten.

Castillo de Arena

Grado **K**

Número de Personas: 2   Tiempo: 15 minutos

Materiales: Arena, agua, cubetas, palas

Descripción: Castillos de arena promueven construyendo y habilidades de diseño. Niños experimentan con desarrollar el correcto mixtura de arena y agua, agregando cuartos, y rompiendo para comenzar de nuevo.

CIENCIA NACIONAL NORMA B 3

Niños aprenden que agua puede hacer liquido o sólidos y se puede cambiar de una forma a la otra con calentarlo y enfriarlo.

Lo que aprendimos hoy...

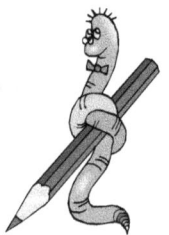

_____

_____

_____

_____

_____

_____

Temperatura

Número de Personas: 2   Tiempo: Several months

Materiales: Termómetro de afuera

Descripción: Deje que su niño tome la temperatura. En el verano, deja que tome la temperatura varios días, y después que le diga cual día fue el más caliente. En el invierno, ¿qué tiempo en el día es el más frio? Habla de las diferencias entre las estaciones.

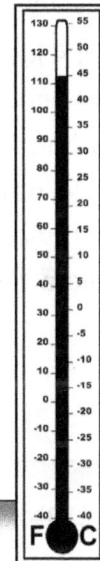

CIENCIA NACIONAL NORMA A 1

Estudiantes aprenden como usar herramientas simples (ej. Termómetro, viento), y habilidades (observar, medir, conectar, cortar, cambiar) para medir las condiciones del tiempo y grabar los cambios de cada día y entre estación.

Vestirse al Ambiente

Número de Personas: 2   Tiempo: 30 minutos

Materiales: Un viaje por el pueblo

Descripción: Cuando está manejando por el pueblo, pregúntale a su niño que ropa la gente tiene puesta. Mira que la gente se vista al tiempo. Si usted vive en el desierto, se va a vestir para el calor. Si usted vive en un ambiente frio se va vestir en ropa calentita. Mire a las casas para ver como reflejan el ambiente-abierto, techo elevado. ¿Cómo se usa la tierra? Hay costumbres que se llevan a cabo por el ambiente, como siestas ¿cuándo está muy caliente o frío para trabajar?

CIENCIA NACIONAL NORMA A 1

Estudiantes aprenden el tiempo cada día, pero cambio de temperatura como la lluvia (o nieve) puede hacer predecirse durante las estaciones.

Burbuja con Popote

Grado **1**

Número de Personas: 2   Tiempo: 20 minutos

Materiales: Popote, plato hondo con agua y unas pocas gotas de jabón

Descripción: A los niños les encanta usar popotes. Deje que soplen a un popote en el plato hondo con el agua y jabón. ¿Pregunte le que está pasando? ¿Qué hace las burbujas? ¿Por qué suben las burbujas en vés de ir abajo? ¿Esto es un sólido, líquido, o gas? Puede decidir el niño que no le gustan las preguntas y para de hacer burbujas o les va a gustar hacer experimentos de ciencia- un ganador con cual quiera decisión.

CIENCIA NACIONAL NORMA B1

Estudiantes aprenden que sólidos, líquidos, y gases tiene muchas propiedades que un puede observar incluyendo tamaño, peso, forma, color, temperatura. También tiene la habilidad de reaccionar con substancia.

Ciencia de Palomitas

Grado **1**

Número de Personas: 2   Tiempo: 15 minutos

Materiales: Un vaso de medir, palomitas, aceite, y una olla con tapadera

Descripción: Deje que su niño mida ¼ de taza de maíz para hacer palomitas, cocínelas, y deje que su niño/a mide lo que se hiuzo a palomita. ¿Por qué la diferencia? ¿Qué pasé? ¿Qué pasaría con maíz de ½ taza? ¿Una taza? Disfruta de las palomitas con mantequilla y una película.

CIENCIA NACIONAL NORMA B 1

Materiales puede existir en diferente estados-solido, liquido, y gases. La propiedad de la substancia puede cambiar cuando se mezcla, calienta o se enfría.

¡Cuando Cristales están bajo luz parecen Estrellas!

Cristales

Número de Personas: 2   Tiempo: Unos días

Grado **1**

Materiales: 3 pequeños platos de vidrio, agua caliente, azúcar, sal, alumbre, y una cuchara de plástico.

Descripción: En un tiempo corto usted y su niño/a puede hacer sus propios cristales. Ponga ½ taza de agua caliente en cada uno de los tres platos. En el primero, trata de disolver lo más que puede de azúcar. Y deletréalo "Azúcar." En el segundo, disuelva más que puede de sal. Y deletréalo "Sal." En el tercer plato ponga lo más que puede de alumbre. Deletréalo "Alumbre." Pon los platos en un lugar soleado y mire lo que pasa sobe los siguientes días. El agua se va a evaporizar, y cuando esto pasa los cristales se van a formar. ¿Cómo se miran? ¿Los tres se parecen? ¿Cómo son diferentes? Cuando yo era niña, me gustaba hervir agua con azúcar y poner lo en un vaso alto. Yo colgaba hilo de la tapadera y los cristales se forman en el hilo. Se llamaba dulce de pierda y sabía sabroso.

CIENCIA NACIONAL NORMA B 1

Materiales puede existir en diferente estados-solido, liquido, y gases. La propiedad de la substancia puede cambiar cuando se mezcla, calienta o se enfría.

Lo que aprendimos hoy...

_____

_____

_____

_____

_____

_____

Yo comenzaría de nuevo el café depués de este experimento.

Sobras del Café

Número de Personas: 2   **Tiempo:** Unos días

Grado **1**

Materiales: Café, tres tazas

Descripción: No bote el café viejo de hoy. Dale tres tazas de café frio a su niño/a uno por uno. Pon uno en la ventana, uno en el refrigerador, y el otro en un gabinete oscuro. Deja las tazas de café por un día ¿Qué pasa? ¿Hay diferencia en cada uno? ¿Qué son?

CIENCIA NACIONAL NORMA B 1

Estudiantes aprenden que la propiedad de la substancia puede cambiar cuando se mezcla, callenta o se enfría.

Lo que aprendimos hoy...

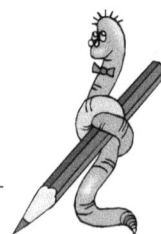

_____

_____

_____

_____

_____

_____

El Tiempo de Desayuno

Grado **1**

Número de Personas: 2   Tiempo: 15 minutos

Materiales: Leche, y cereal

Descripción: Pregúntele a su niño/a qué pasa con su cereal cuando le echa leche. ¿Qué le pasa al cereal cuando no se lo come por un tiempo? ¿Qué le pasa a la leche si la deja afuera hasta el tiempo de almuerzo? Conducta estos experimentos durante su rutina de la mañana.

CIENCIA NACIONAL NORMA B 1

Estudiantes saben que la propiedad de la substancia puede cambiar cuando se mezcla, calienta o se enfría.

Mirar Cristales

Grado **1**

Número de Personas: 1   Tiempo: 20 Minutos

Materiales: Vidrio de aumento, sal, azúcar, hielo, un frasco de miel

Descripción: Deje que su niño busque a cristales con un vidrio de aumento. Sal, azúcar, cubo de hielos, y miel orgánica en frasco son lugar donde puede encontrar cristales. Pregúntele sobe la forma del cristal. ¿Son todos iguales? ¿Dónde más puede encontrar cristales?

CIENCIA NACIONAL NORMA B 1

Materiales puede existir en diferente estados-solido, liquido, y gases. La propiedad de la substancia puede cambiar cuando se mezcla, calienta o se enfría.

Cuidar las Plantas

Grado **1**

Número de Personas: 2   Tiempo: Varias semanas

Materiales: Maseta, semillas, agua y tierra

Descripción: Deje que su niño/a siembre unas semillas. Cuando comienzan a crecer las semillas, hable de lo que puede pasar si una recibe menos agua o menos luz. ¿Qué necesitan las plantas para crecer?

CIENCIA NACIONAL NORMA C 3

Niños necesitan experiencia directa con cosas de vida usando sus manos, aprendiendo de los ciclos de vida y los habitantes.

Acción Capilar

Grado **1**

Número de Personas: 2   Tiempo: 30 minutos

Materiales: Vaso de agua, pintura de comida color rojo, un pedazo de apio

Descripción: Niños pueden aprender como el agua y nutrientes viajan entre una planta. Pon un pedazo de apio en un vaso de agua con pintura de color rojo. Deje que el niño cheque cada hora para ver qué pasa. Hablen de lo que está pasando. ¿Por qué cambia de color? ¿Qué causa que ésto pase?

CIENCIA NACIONAL NORMA D 1

Estudiantes aprenden que el raíz está asociado con la entrada del agua y la tierra y que las hojas verdes están asociadas con hacer comida de la luz del sol.

¡Si usted mira por mucho tiempo, puede encontrar muchas cosas fascinantes enfrente de usted!

Cuaderno de Vidrio de Aumento

Grado **2**

Número de Personas: 1   Tiempo: 20 minutos

Materiales: Vidrio de Aumento

Descripción: Déle a su niño/a un vidrio de aumento para jugar detective. Mándalo/a a explorar qué hay debajo de una hoja, o cuántas piernas tiene una aránea. ¿Hay cosas de vida en un árbol? ¿Cuántas pierdas de diferente colores puede buscar? Deje que apunte en un cuaderno lo que él/ella descubare y hable diariamente de lo que ha encontrado.

CIENCIA NACIONAL NORMA A 2

Usar vidrio de aumento o microscopio para observar y hacer dibujos de los objetos chicos o facciones de los objetos chicos.

Lo que aprendimos hoy...

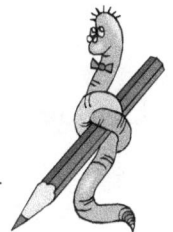

_____

_____

_____

_____

_____

_____

_____

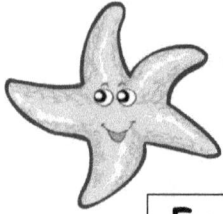

Centrifugar es la fuerza que dejan los planetas orbitando alrededor de un Estrella

Fuerza Centrífuga

Número de Personas: 2   Tiempo: 5 minutos

Grado **2**

Materiales: Un medallón o bolita en una cadena

Descripción: Casi todos los niño/a han probado ésto, pero otras tal veces no sabe lo que se llama. Columpiar un medallón, o bolita de una cadena alrededor en un círculo. Si va rápido, la cadena se jala para apretar y la medalla o bolita sigue en círculos cuando usted ha parado. La fuerza que deja esto seguir en un círculo se llama la fuerza de centrífuga.

CIENCIA NACIONAL NORMA B 2

Niños aprenden que uno puede mover algo con estirar o empujar. La medida del cambio esta relacionado con la fuerza o el tamaño de la fuerza, del estirón o del empuje.

Lo que aprendimos hoy...

_____

_____

_____

_____

_____

_____

Cerera un Fulcro

Grado **2**

Número de Personas: 2   Tiempo: 20 minutos

Materiales: Una tabal chica, un vaso de lata, y 3 libros en rustica

Descripción: Enseñar de ciencia con este experimento que se trata de levantar objetos en una manera interesante. Deje que su niño/a ponga tres libros en rustica al fin de la tabla. Levante la tabla para que ponga un vaso de lata en el medio de la tabla. Deje que su niño/a puche la tabla con un dedo para ver si puede levantar los libros. Mueve la lata más cerca a su dedo. Que lo trate otra vez. ¿Qué paso con cada prueba? ¿Cual fue más fácil? ¿Qué método va usar cuando tenga que levantar algo pesado?

CIENCIA NACIONAL NORMA B 2

Estudiantes aprenden cómo cambiar algo con moviéndolo con estirarlo o empujarlo. La medid a del cambio está relacionado con la fuerza del estirón o el empuje.

Tratando La Moción de Ley

Grado **2**

Número de Personas: 2   Tiempo: 10 Minutos

Materiales: Un columpio

Descripción: Hasta los preescolares están familiarizados con la moción de ley de Newton. Solo que no saben el nombre. Se dice que por cada acción hay una reacción igual o opuesta. No hay una moción cuando está sentado en un columpio. Pero cuando se columpia fuerte sobre el suelo, el columpio se mueve. ¿En qué dirección se mueve? ¿Después de que el columpio se va para tras con la reacción de que usted patee, que pasa? Ha experimentado la tercera ley de Newton.

CIENCIA NACIONAL NORMA B 2

Estudiantes aprenden cómo cambiar algo con moviéndolo estirando lo empujándolo. La medida del cambio está relacionado con la fuerza del estirón o del empuje.

Imán Divertido

Número de Personas: 1   Tiempo: 15 minutos

Grado **2**

Materiales: Imán

Descripción: Darle un imán a su niño/a y mire lo que va a recoger. ¿Recogerá madera, una silla, o un tornillo de metal?

CIENCIA NACIONAL NORMA B 3

Estudiantes aprenden que el imán puede hacer objetos moverse sin tocar los.

Lecciones Gusanientas

Número de Personas: 2   Tiempo: Varias semanas

Grado **2**

Materiales: Caja de plástico, tierra, gusanos

Descripción: Hacer una casa para gusanos usando una caja de plástico con tierra. A los niños les encanta verlos. Hable de lo largo de los gusanos, el color, y el tamaño. Cuando los niños se aburren de los gusanos los puede poner en su jardín para que ayuden a las plantas a crecer.

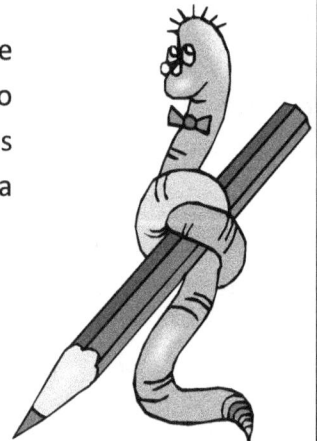

CIENCIA NACIONAL NORMA C 1

Plantas y animales tiene diferente estructura que sirven diferente funciones in crecimiento, vida y reproducción.

Tiempo de Flores

Número de Personas: 2   Tiempo: Unos días

Materiales: Plantas de flores y árboles

Descripción: En la primavera pregúntale a su niño/a cuánto tiempo dura una flor para florecer. ¿Dura más una flores que otras? ¿Si tiene árboles en su yarda, qué pasa después de que se caigan las flores? ¿Tiene frutas en sus árboles? ¿Qué pasa después?

CIENCIA NACIONAL C 1

Plantas y animales tiene diferente estructuras que sirven diferentes funciones en crecimiento, vida y reproducción.

Lo que aprendimos hoy...

_____

_____

_____

_____

_____

_____

¡Aquí hay alguna tarea que va a querer comenzar!

Buscar un Fósil

Número de Personas: 2   Tiempo: 30 minutos

Grado **2**

Materiales: Brownies con mitad de nuez adentro, pica diente

Descripción: Los niños siempre están interesados en dinosaurios. Dinosaurios son espantosos, y vienen de diferentes formas y tamaños. El puede usted dar un mejor entendimiento como descubrir dinosaurios. Hacer una caja de brownies con nuez (ej. Pecan o nuez, asegura que su niño no esté alérgico). Deje que su niño use pica dientes para buscar las nueces. Los nueces son como los fósiles que encuentran en las pierdas (brownie). Los pica dientes son como las herramientas que usan los arqueología para buscar los fósiles. A sus niños les va gustar buscando y va a desfrutar comiéndose los brownies.

Ciencia Nacional Norma D 1

Estudiantes aprenden que fósiles proveer evidencia sobre las plantas y los animales que vivieron hace mucho tiempo y que científicos aprenden de la historia de la tierra con estudiando las fósiles.

Lo que aprendimos hoy...

_____

_____

_____

_____

_____

_____

Hacer su propria actividad para libro de juego

Ciencia	Grado
Número de Personas: Tiempo:	

Materiales:

Descripción:

NORMA DE CIENCIA COMÚN

Ciencia	Grado
Número de Personas: Tiempo:	

Materiales:

Descripción:

NORMA DE CIENCIA COMÚN

Hacer su propria actividad para libro de juego

Ciencia   Grado

Número de Personas: Tiempo:

Materiales:

Descripción:

NORMA DE CIENCIA COMÚN

Ciencia   Grado

Número de Personas: Tiempo:

Materiales:

Descripción:

NORMA DE CIENCIA COMÚN

HISTORIA

K – 2

Actividades Libro de Juegos para Padres

¿Quiere agregar su actividad favoritos la siguiente Libro de Juegos para Padres? Use la forma que esta al fin del libro o se puede comunicar con el editor:

info@engagepress.com • www.engagepress.com

Por Dra. Joni Samples   Normas Estatales Comunes de Historia

NORMAS COMÚN HISTORIA/ESTUDIOS SOCIALES

Grado K-2

El propósito de la Normas Comunes de Historia/Estudios Sociales es que todos los estudiantes logren un entendimiento de historia. Estas Normas no son Normas Nacionales Comunes porque no se han adoptado nacionalmente. Las siguientes Normas para Historia/Estudios Sociales son Normas que se usan por todos los distritos en la nación.

Las Normas del K-8 continua mente son una mapa de calle que se está construyendo de un habilidad tras otra. Este mapa nos dice como llegar al destino final.
La Normas Común de Historia/Estudios Sociales proveen las expectativas para desarrollar el entendimiento y habilidad para los estudiantes en el curso de la educación del K-8.

Hemos hecho una lista de las Normas Común de Historia/Estudios Sociales en la siguiente página para que le ayude comprender como cada actividad se conecta a cada Norma. Incluyendo también son las Normas de pensamiento Historial para reflexionar de los eventos de historia.

Las paginas serán modificadas para que sean igual a las Normas Común Nacional cuando sean adoptadas.

Historia K-2

La Normas en historia hacen explicito las metas que todos estudiantes deben tener la oportunidad de obtener. En historia, La Normas son de dos tipos:

1. Habilidades de pensar Historial. Poder pensar les ayuda a los estudiantes evaluar evidencia, compara y analizar, explicar, y poner juntos argumentos historial y evaluar y hacer decisiones informadas.
2. Conocimiento Historial. Esto defina los que estudiantes deben saber de la historia de su país y el mundo. Estudiantes aprenden esto con estudiando social, político, científico/tecnología, económico, y cultura, archivos de (filosofía/religión/estético). Estos archivos también proveen a los estudiantes las perspectivas de analizar asuntos y problemas de hoy.

La Normas del Mondo y Los Estados Unidos están imprimidos para su información y también Las Normas de Pensamiento Historial.

UNA NOTA SOBRE LA SECCIÓN DE HISTORIA

Las Normas de Historia se miran diferentes a las otras Normas en el Libro De Juegos. ¿Por qué? Es porque el estudio de Historia envuelve mucho más, no solo los de datos, fechas, nombres y lugares. Historia es un proceso de entender sobre la evidencia del pasado. Esto entendimiento tiene que ver con viendo la información de nombres, fechas, lugares, ideas, y eventos. Pero el proceso no para aquí. El entendimiento real de historia requiere que los estudiantes piensen en relaciones de causa y efecto, para entender las interpretaciones de historia, y conductar averiguaciones de historia y estudios de llegar a conocimiento en que una decisión está basada en vida contemporiza.

Historia es un tema de intégrate, donde los estudiantes solo no estudiantes de personas y eventos de la comunidad, esto, nación, y del mundo, pero abriendo el estudio de lugares de geografía en que estos eventos ocurrieron. Incluye las ideas, creencia, y valores que influencio como las personas actuaron en sus vidas; las reglas, leyes, e instituciones que establecieron y que vivieron; las tradiciones oral y la literatura, música, arte, arquitectura, y baile que crearon; y la tecnología y desarrollo científico que inventaron, o adoptaron, en la cuesta de mejorar la vida. En corto, estudios de historia incluye geografía, económica, política, social, y estudios científicos, y estudios en arte.

Pensamiento Historial y entendimiento no se desarrolla independiente de cada uno. Habilidades Historial les ayuda a estudiantes a evaluar evidencia, desarrollar análisis comparativa y causal, interpretar archivo historial, y construir argumentos historial y prospectivas en que decisiones informadas están basadas en vida contemporiza. Entendimiento Historial defina los que estudiantes deben saber de la historia de su nación y del mundo. Estos entendimientos también proveen a los estudiantes el análisis de asuntos y problemas confrontando a ciudadanos hoy.

En la sección de Estudios Historia/Social de su Libro de Juegos Para Padres La Norma del Estudio Historia/Social esta estricta debajo de la actividad. La Norma de Historia/Social y la Norma de Pensamiento están estrictos en números… y usted se puede referir al comienzo de capitulo para la Norma actual.

Normas Común de Historia
Grado K-2

Las Normas de Historia están explicitas la metas que todos estudiantes tienen la oportunidad de adquirir. En historia, La Normas son dos tipos:

1. Habilidad de pensamiento historial. Pensando les ayuda a estudiantes a evaluar evidencia, comparar y analizar, saber explicar, y poner junto argumentos historial y evaluar y hacer decisiones informadas.
2. Entendimiento Historial. Esto defina lo que estudiantes deben saber de historia de su nación y del mundo. Aprenden esto con estudiando con archivos social, política, científico/tecnología, económica, y cultura (filosofía/religión/estético). Estos entendimientos también proveen a los estudiantes el análisis de asuntos y problemas confrontando a ciudadanos hoy.

Las Normas del Mundo y los Estados Unidos están escritos para su información y también las Normas de Historia Pensamiento.

Normas Común de Historia Mundial
Grado K-2

Era 1: Comenzando la Sociedad Humana

<u>Norma 1:</u> El proceso de cultura y biológica que da crecimiento de la comunidad más temprana de humanos.

<u>Norman 2:</u> El proceso que dio emerger de la sociedad de agrícola alrededor del mundo.

Era 2: Civilización temprana y emerger las personas de pastoral (4000-1000 BCE)

<u>Norma 1:</u> La mayores características de la civilización y como empergaron las personas en Mesopotamia, Egipto, y los Vallejo deIndus.

<u>Norma 2:</u> Como la sociedad agrario hizo nuevo estados y como comenzaron el tercer y segundo milenio BCE

<u>Norma 3:</u> Las consecuencias del movimiento de política, social, cultural, y militarizo en el segundo milenio BCE de Eurasia

<u>Norma 4:</u> La principales tendencias en Eurasia y África de 4000-1000 BCE

Era 3: Tradiciones Clásicos, Religiones Mayores, y Imperiales Gigantes (1000 BCE-300 CE)

<u>Norma 1:</u> Cambio y innovación de 1000-600 BCE caballos, barcos, plancha, y fe monoteísta

<u>Norma 2:</u> La emergencia de civilización de Egeo y como interrelaciones se desárrollaron entre la gente del oriental de Mediterráneo y Asia del oeste sur, 600-200 BCE

<u>Norma 3:</u> Como religiones mayores y Imperiales surgieron en la basen de Mediterráneo China, y la India, 500 BCE-300 CE

<u>Norma 4:</u> El desarrollo temprana de civilización Agrario en Mesoamérica

<u>Norma 5:</u> Tendencias principales globales del 1000 BCE-300 CE

Era 4: Expandiendo las Zonas de Cambio y Encuentro (300-1000 CE)

<u>Norma 1:</u> Crisis Imperial y sus consecuencias, 300-700 CE

<u>Norma 2:</u> Consecuencias y causas de la levantamiento del civilización Islámico en los siglos 7-10

<u>Norma 3:</u> Desarrollos mayores en Asia Oriental y Asia Oeste Sur en la era del dinastía Tang, 600-900 CE

<u>Norma 4:</u> La búsqueda redefinición de política, social, y cultural en Europa, 500-1000 CE

<u>Norma 5:</u> El desarrollo de sociedad agricultura y nuevo estados en África tropical y Oceanía

<u>Norma 6:</u> La levantamiento de centros civilización en Mesoamérica y Sur América Andino en el primer milenio CE

<u>Norma 7:</u> Tendencias globales del 300-1000 CE

Era 5: Interacciones Intensidades Hemisféricos (1000-1500 CE)

Norma 1: El madurez de un sistema interregional de comunicación, comercio, y entre cambio de cultural en la era de economía China y expansión Islámico

Norma 2: La redefina de la cultura y sociedad de Europa, 1000-1300 CE

Norma 3: Le levantamiento del Imperial Mongol y sus consecuencias para las personas de Eurasia, 1200-1350 CE

Norma 4: El crecimiento de estados, pueblos y comercio en Sub-Sahara África entre los siglos 11-15

Norma 5: Patrones de crisis y recuperación en Afro-Eurasia, 1300-1450 CE

Norma 6: La expansión de estados y civilización en las Américas, 1000-1500 CE

Norma 7: Tendencias globales del 1000-1500 CE

Era 6: Emergencia del Primer Edad Global (1450-1770)

Norma 1: Como el eslabonar del transoceánico y las regiones mayores del mundo del 1450-1600 llego a la transformación global

Norma 2: Como la sociedad de Europa experimento con transformación en política, economía, y cultural en el tiempo de intercomunicación global, 1450-1750

Norma 3: Como Imperiales territorial dominaron mucho de Eurasia entre los siglos 16-17

Norma 4: Interrelaciones de economía, política, y cultural entre personas de África, Europa, y Américas, 1500-1750

Norma 5: Transformaciones en sociedad de Asia en la era de expansión Europeo

Norma 6: Tendencias globales del 1450-1770

Era 7: Edad de La Revolución (1875-1914)

Norma 1: La causa y consecuencia de la revolución de política en los siglos 18 y 19.

Norma 2: La causa y consecuencia de la revolución de agricultura y industrial (1700-1850)

Norma 3: Transformación en la sociedad de Eurasia en la era del comercio global y levantamiento del poder de Europeo (1750-1870)

Norma 4: Patrones de nacionalismo, Construyendo-Estado y reforma social en Europa y Américas (1830-1914)

Norma 5: Patrones de cambio global en la era de Occidental militar y dominación economía (1800-1914)

Norma 6: Tendencias globales del 1750-1914

Era 8: Medio Siglo de Crisis y Realización (1900-1945)

<u>Norma 1:</u> La causa y consecuencia de la revolución de política en los siglos 18 y 19.

<u>Norma 2:</u> La causa y consecuencia de la revolución de agricultura y industrial (1700-1850)

<u>Norma 3:</u> Transformación en la sociedad de Eurasia en la era del comercio global y levantamiento del poder de Europeo (1750-1870)

<u>Norma 4:</u> Patrones de nacionalismo, Construyendo-Estado y reforma social en Europa y Américas (1830-1914)

<u>Norma 5:</u> Patrones de cambio global en la era de Occidental militar y dominación economía (1800-1914)

<u>Norma 6:</u> Tendencias globales del 1750-1914

Era 9: Siglo 20 desde 1945-Promese y Paradoxal

<u>Norma 1:</u> Como ocurrió la reconstrucción de la Guerra Mundial II, nuevo relaciones internacional que se llevo a cabo y Imperiales quebradas.

<u>Norma 2:</u> La brusquedad para comunidad, establecido, paz, en un mundo interdependiente

<u>Norma 3:</u> Tendencias globales desde la Guerra Mundial II

Era 10: Historia Mundial de todas las Eras

<u>Norma 1:</u> Cambio de termino largo y patrones que siguen ocurriendo en la historia mundial

Normas Común de Historia Los Estados Unidos –Grado K-2

Era 1: Tres Mundos se Conocen (Comenzar al 1620)
<u>Norma 1:</u> Comparando características de sociedad en la Américas, Europa Occidental, y África Occidental que hubo interacción después del 1450
<u>Norma 2:</u> Como exploración y colonización de Europa resulto en interacciones de cultural y ecología entre personas que no estaban conectadas.

Era 2: Colonización y Establecimiento (1585-1763)
<u>Norma 1:</u> Porque Americanos atractaron Europeos, porque trajeron esclavos Africanos a sus colonias y como Europeos batallaron con control de Norte América y el Caribe
<u>Norma 2:</u> Como instituciones de política, religión y social salieron en las colonias Ingles
<u>Norma 3:</u> Como los valores y instituciones de la vida economía de Europa tomo lugar en las colonias, y como esclavitud reformo Europeo y África en las vida de Américas.

Era 3: Revolución y La Nueva Nación (1754-1820's)
<u>Norma 1:</u> Las causas de la Revolución American, las ideas, y intereses incluidos para el movimiento de la revaluación, y la razones de la victoria American
<u>Norma 2:</u> El impacto de la Revolución American en políticas, economía, y sociedad
<u>Norma 3:</u> Las instituciones y prácticas del gobierno que fueron hechas durante la Revolución y como fueron revisadas entre el 1787 y 1815 para crear las fundiciones del sistema político de América basados en la Constitución Estados Unidos y los Carta de Derechos

Era 4: Expansión y Reforma (1801-1861)
<u>Norma 1:</u> Expansión territorial Estados Unidos entre el 1801 y 1861, y como afecto las relaciones con los Nativos Americanos
<u>Norma 2:</u> Como la revolución industrial, creciendo inmigración, la rápida expansión de esclavitud, y el movimiento al occidental cambio las vidas del los American y llego a tensiones regional
<u>Norma 3:</u> La extensión, restricción, y reorganización de política democracia después del 1800
<u>Norma 4:</u> El movimiento de recursos y característica de cultura, religión, y reforma social en el perdió de antebelum

Era 5: Guerra Civil y Reconstrucción (1850-1877)
<u>Norma 1:</u> Las causas de la Guerra Civil
<u>Norma 2:</u> El curso y características de la Guerra Civil y el efecto sobre las gente American
<u>Norma 3:</u> Como planes de reconstrucción fallaron o fueron exitosos

Era 6: El Desarrollo Industrial de los Estados Unidos (1870-1900)

<u>Norma 1:</u> Como la levantamiento de corporaciones, industria pesada y mecanizar agricultura transformo los Americanos

<u>Norma 2:</u> Inmigración Macizo después del 1870 y como nuevo patrones sociales, conflictos, e ideas de unidad nacional desarrollo diversidad en cultural.

<u>Norma 3:</u> La levantamiento de Labor Americano y como asuntos políticos reflexiona cambios sociales y económicos.

<u>Norma 4:</u> Póliza Indio Federal y Estados Unidos póliza extrajeron después de la Guerra Civil

Era 7: La Emergencia de América Moderna (1890-1930)

<u>Norma 1:</u> Como Progresivos y otros dirigieron problemas de capitalismo industrial, urbanización, y corrupción política

<u>Norma 2:</u> El cambio de papel de los Estados Unidos en negocios mundial en el tiempo del la Guerra Mundial I

<u>Norma 3:</u> Como los Estados Unidos cambio al fin de la Guerra Mundial I a la víspera de la Depresión Grande

Era 8: La Depresión Grande y la Guerra Mundial II (1929-1945)

<u>Norma 1:</u> La causa de la Depresión Grande y como afectó la sociedad American

<u>Norma 2:</u> Como el Nuevo Trato dirigió la Depresión Grande, transformo el federalismo Americano, y inicio el estado de beneficencia

<u>Norma 3:</u> La causa y el curso del la Guerra Mundial II, la característica de la guerra en casa y el extranjero, y su reforma de el papel de los Estados Unidos en los asuntos mundial

Era 9: Los Estados Unidos Después de La Guerra (1945 a los 1970)

<u>Norma 1:</u> El auge de economía y la transformación en los Estados Unidos después de la guerra

<u>Norma 2:</u> Como la Guerra de Frio y conflictos en Corea y Vietnam influencio domestico y políticas internacional

<u>Norma 3:</u> Pólizas domesticas después de la Guerra Mundial II

<u>Norma 4:</u> La batalla de igualdad entre género y racial y la extensión de libertades civil

Era 10: Estados Unidos Contemporáneo (1968 a presente)

<u>Norma 1:</u> Desarrollos recientes en pólizas domesticas y extranjero

<u>Norma 2:</u> Desarrollo económico, social, y cultural en Estados Unidos Contemporáneo

Normas Común de Pensamiento Historial
Grado K-2

<u>Norma 1:</u>

El estudiante piensa cronología: Por eso el estudiante puede

A. Distinguir entre el tiempo pasado, presente, y futuro.

B. Identificar la estructura temporal den un cuento o narrativo historial: el comenzar, el medio, y el fin (los fines defina los resultados del comienzo).

C. Establecer sus propios órdenes de temporal construyendo un narrativo historial: trabajando por un principio para desarrollo un resultado; trabajando de revés de algunos asuntos, problemas, o eventos para explicar el origen.

D. Medir y calcular tiempo de calendario por días, semanas, meses, anos, siglos, y milenio, de puntos fijos de un sistema de calendario: BC (antes de Cristo) y AD (Anno Domini, "en el ano de nuestro Señor") en el calendario Gregorio y el secular contemporáneo esta designados por estas mismas fechas BCE (antes de la Era Común) y CE (en la Era Común); y comparado con los puntos fijos de otros sistemas calendarios como el Romano (753BC, búsqueda de la cuidad de Roma) y el Muslímico (622 AD, el hégira).

E. Interpretar datos presentados en tiempos de línea designados por tiempos apropiados y grabando eventos en el orden de temporal que ocurrieron.

F. Reconstruir patrones de tiempos éxitos historial y duración en que desarrollo historial se ha desplegar, y aplicar lo para explicar cambio y continuación historial

G. Comparar modelos alternativos para periodización con identificar los principios en que están basado.

<u>Norma 2:</u>

El estudiante comprende recursos variados historial: Por eso el estudiante puede

A. Identificar el autor o recurso del documento o narrativo historial.

B. Reconstruir el significado pasaje de historia con identificando quien estaba incluido, que paso, donde paso, los eventos que se desarrollaron, y que consecuencias o resultados llegaron después.

C. Identificar la pregunta central que el narrativo historial se dirigir, y el propósito, perspectiva, o punto de vista que se ha construido.

D. Diferencia entre factores historial y interpretaciones historial pero conocer que los dos están relacionados; que los factores que reporta el historian están seleccionados y son los pensamientos del historian de los que más significante del pasado.

E. Leer narrativos historial, tomando en cuenta los que expone el narrativo de la humanidad de los individuales y grupos incluidos-los valores, motivos, deseos, temores, fuerzas, y debilidad.

F. Apreciar prospectivas historiales-la habilidad (a) describiendo el pasado en sus propios términos, por los ojos, experiencias de los que estaban allí, revelados por sus literaturas, diarios, letras, debates, artes, artefactos, y el gusto; (b) considerando el contexto historial en que los eventos se desplego-los valores, opciones, y contingencia en ese tiempo y lugar; y (c) evitando "mente-presente", juzgando el pasado de los valores y normas del presente.

G. Buscar datos en mapas historial para obtener clarificación sobre información de la geográfica en que el evento historial ocurrió, la localización relativa, la distancia, y direcciones involucradas, la facciones naturales y hechas de hombre del lugar, y la relación entre las distribuciones de las facciones y eventos de ocurrió allí.

H. Utilizar datos presentado en grafica y matemática, incluyendo diagrama de cuadro, barra, tabla, diagrama ven, y otros gráficos organizados para calificar, ilustrar, o elaborar sobre la información presentado en el narrativo historial.

I. Redactar visuales, literatura, recursos musicales incluyendo: (a) fotográfica, pinturas, caricaturas, y dibujos arquitectural; (b) novelas, poemas; y (c) música clásica, popular, y folklórica, para clarificar, ilustrar, o elaborar sobre información presentado del narrativo historial.

Norma 3:

El estudiante se ocupa en la interpretación y análisis historial: Por eso el estudiante puede

A. Compara y contraste la diferencia en ideas, valores, personalidades, comportamientos, y instituciones con identificando los similares y diferencias.

B. Considerar perspectivas multiplicas de varias personas del pasado demostrando sus diferencias motivos, creencias, intereses, deseos, y medios.

C. Analizar causa y efecto relaciones tener en mente de causas multiplicas incluyendo (a) la importancia del individual en historia; (b) la influencia de ideas, intereses humanos, y creencias; y (c) el papel de chanza, el accidental y irracional.

D. Redactar comparaciones sobre eras regiones en orden de definir asuntos del grande escale o desarrollo de tiempo largo que transando fronteras regional y temporal

E. Distinguir entre expresiones de opinión e hipótesis informadas de evidencia historial.

F. Comparar narrativos competitivos historial.

G. Retar argumentos historial con formulando ejemplos de continuación historial, de cómo escoger diferente podía tener otro diferente consecuencia.

H. Tener interpretaciones de historia, sujeto a cambiar cuando nueva información esta descubierta, nuevas voces se escuchan, y nuevas interpretaciones

I. Evaluar debates mayores entre histórianos sobre alternativas interpretaciones del pasado.

J. Hipótesis la influencia del pasado incluyendo las dos limitaciones y oportunidades hecho posibles por decisiones del pasado.

Norma 4:

El estudiante conducta estudios historiales: Por eso el estudiante puede:

A. Formular preguntas historial de encuentros en documentos historial, cuentas de testigos, letras, diarios, artefactos, fotos, sitios historiales, arte, arquitectura, y otros archivos del pasado.

B. Obtener datos historiales de varios recursos, incluyendo: biblioteca y colecciones de museo, sitios historiales, fotos historiales, cuádrenos, diarios, cuentas de testigos, periódico; documentarios de películas, testimonio de testigos, censo, archivos de impuestos, directorios de ciudad, e indicadores economía.

C. Interrogar datos historial con descubriendo el contexto del social, política, y economía en que fue creado; probando los datos para sus credibilidad, autoría, auténtico, interno, consistencia, y completar; y detectar y evaluar el prejuicio, distorsión, y propaganda por omisión, supresión, o invención de facturas.

D. Identificar los espacios en los archivos y conocimiento contextual y perspectivas del tiempo y lugar en orden del elaborar evidencia, llenar los espacios, y construir un sonido interpretación historial.

E. Analizar la calidad de temas por sé hay cambios en tamaño de familia y composición, patrones en migración, distribución de riqueza, y cambios en economía.

F. Apoyar interpretaciones con evidencia historial en orden de construir argumentos en vez de opiniones falsos.

Norma 5:

El estudiante se ocupa en asuntos historial y haciendo decisiones: Por eso el estudiante puede:

A. Identificar asuntos y problemas del pasado y analizar los intereses, valores, perspectivas, y puntos de vistas de eso involucrados en la situación.

B. Mariscal evidencia de circunstancias antecedentes y de factores del presente que contribuyen a problemas contemporáneos y acciones alternativas.

C. Identificar antecedentes historial relevante y diferenciar los que no inapropiados y irrelevante asuntos contemporáneos.

D. Evaluar cursos alternativo de acción, tener en mente la información disponible en el momento, en términos de consideración ética, intereses de los que están afectados del la decisión, y la consecuencia de tiempo largo y corta.

E. Formular un position o curso de acción de cual quiere asuntos con identificando el problema, analizar, los factores contribuyendo al problema, y escogiendo una solución de una decisión por un opinión evaluado.

F. Evaluar la implementación de una decisión con analizando los interese; estimando la posición, poder, y propiedad de cada jugadores involucrado; asesando la dimensiones de la decisión; y evaluando el costo y beneficio de varias perspectivas

Comenzando la Escuela

Grado **K**

Número de Personas: 2   Tiempo: 30 minutos

Materiales: Escuela

Descripción: Comenzando el Kínder es muy importante. Tal vez es la primera vez que su niño/a va a la escuela y es un nuevo lugar. Si la escuela tiene un Té de Kínder o se junta antes de comenzar la escuela, asegure de ir. Lleve a su niño para que pueda ver el salón, patio de recreo, y la cafetería. Deje que su niño conozca la maestra. Explora el salón con su niño y la escuela juntos. El va estar allí todos los días entonces asegure que él va estar confortable.

NORMAS NACIONALES COMPILAR HISTORIA/ESTUDIOS SOCIALES

Norma 1 Historia Nacional

Entender la vida de familia ahora y en el pasado, y vida de familia de vario lugares hace mucho tiempo.

Norma 1 A Pensamiento Historial Nacional

Cuentos Historiales

Grado **K**

Número de Personas: 2   Tiempo: 10-15 minutos

Materiales: Cuentos de personas famosas

Descripción: A los niños les encanta los cuentos. Puede leer o contarles un cuento sobre personas de honestidad, patriotismo y valor. Hay cuentos sobre los líderes primeros. George Washington y Abe Lincoln son buenos ejemplos. ¿De quién más puede pensar? Compartir eso cuentos con su niño/a.

NORMA NACIONAL COMPILAR CIENCIA

Norma 1 Historia Nacional

Comprende vida de familia ahora y en el pasado, y vida de familia de vario lugares hace mucho tiempo. Norma 2D y 3D Pensamiento Historial Nacional Norma 1 Historia Nacional Comprende vida de familia ahora y en el pasado, y vida de familia de vario lugares hace mucho tiempo.

Norma 2D y 3D Pensamiento Historial Nacional

Comienza con identificando dónde estás en el mapa.

Mapa	Grado K
Número de Personas: 2　　Tiempo: Vario Días	

Materiales: Lápiz, papel

Descripción: Su niño de seguro va a tener amigos de la escuela de diferentes culturas. Pregúntele que describa de dónde viene la familia de su amigo/a. Y luego busque el país en el mapa y busca información en el internet. Aunque su niño/a adivina que su amigo/a es de África, pero es de India, piensa en la diversión que va a tener en aprender de diferentes países.

NORMAS NACIONALES COMPILAR HISTORIA/ESTUDIOS SOCIALES

Norma 1 Historia Nacional

Comprender atributos seleccionados y desarrollos historial de sociedad en Asia, las Américas, y Europa.

Norma 2G Pensamiento Historial Nacional

Lo que aprendimos hoy...

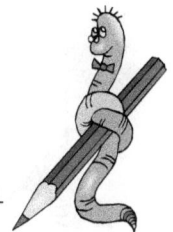

_____

_____

_____

_____

_____

_____

_____

¿Usted sabía que estatuas son mega estrellas de historia?

Buscar Historia

Grado **K**

Número de Personas: 2   Tiempo: Tiempo de Cena

Materiales: Mesa de comer

Descripción: Ir a caminar con su niño/a para aprender de historia. En mi vecindad, podemos caminar al parque donde piedras vinieron de volcanes, Americanos Nativos vivieron, y una película fue hecha. Nuestro pueblo tiene edificios que son más de 10 años de viejos, y podemos ver estatuas de personas famosas. Hable de los que miran y de la historia.

NORMAS NACIONALES COMPILAR HISTORIA/ESTUDIOS SOCIALES

Norma 2 Historia Nacional

Comprender la historia de la comunidad local y como las comunidades en Norte América varia hace mucho.

Norma 2F Pensamiento Historial Nacional

Lo que aprendimos hoy...

_____

_____

_____

_____

_____

_____

Reglas Reales

Grado **K**

Número de Personas: 2   Tiempo: 10 minutos

Materiales: Nada

Descripción: Nuestro país sigue las reglas y leyes para adultos y niños. Comienza algunas reglas razonables para su niño. Tomando turnos, compartiendo, y recogiendo los juguetes son buenos ejemplos. Para leyes de adultos, hay consecuencias razonables cuando un niño rompe las reglas.

NORMAS NACIONALES COMPILAR HISTORIA/ESTUDIOS SOCIALES

Norma 4 Historia Nacional

Comprender como valores domésticos fueron ser, y como se han hechos ejemplificados por personas, eventos, y símbolos

Norma 5E Pensamiento Historial Nacional

¿Cómo Fuera?

Grado **K**

Número de Personas: 2   Tiempo: 15 minutos

Materiales: Nada

Descripción: El día de Cristól Colón, pregúntale a su niño: ¿Qué hizo Colón, cómo lo hizo, dónde fue, cómo fuera diferente si Colón se hubiera quedado en casa?

NORMAS NACIONALES COMPILAR HISTORIA/ESTUDIOS SOCIALES

Norma 4 Historia Nacional

Comprender Las Personas, Eventos, Problemas, E Ideas Que Fueron Significantes En Creando La Historia De Su Estado.

Norma 2D Y 2F Pensamiento Historial Nacional

Actividades de Acción De Gracias

Número de Personas: Familia   Tiempo: Tiempo de Cena Tiempo   Grado **K**

Materiales: Cena de Acción De Gracias

Descripción: Mientras usted está disfrutando de la cena de Acción De Gracias, hable de cómo los pelegrines y Nativos Americanos celebraron el primer Acción De Gracias. ¿Cómo vivieron? ¿Cómo agarraron agua y comida? ¿Cómo se miraban la ropa? ¿Qué eran las cosas importantes que hicieron y qué fueron las reglas que tenían? ¿Cómo seran sus vidas si vivieren hoy?

NORMAS NACIONALES COMPILAR HISTORIA/ESTUDIOS SOCIALES

Norma 6 Historia Nacional

Comprender el folklórico y otras culturas de varios regiones de los Estados Unidos y como ayudaron forma un tradición nacional.

Norma 2D y 2E; 3J Pensamiento Historial Nacional

Vida Tiempo Viejo

Número de Personas: 2+   Tiempo: A few horas   Grado **1**

Materiales: Viaje al museo

Descripción: Viaje a un museo local promueve muchas discusiones. Puede aprender de costumbres, tradiciones, condiciones de vivienda, trabajo, comida, manera de vestir, juegos, y de tener suerte de vivir donde vive hoy.

NORMAS NACIONALES COMPILAR HISTORIA/ESTUDIOS SOCIALES

Norma 1 y 5 Historia Nacional

Comprender vida de familia ahora y en el pasado, y vida de familia de vario lugares hace mucho tiempo.

Comprender la causa y movimiento natural de grupos grande de personas al los Estados Unidos, ahora y hace mucho tiempo.

Norma 3A y 4B Pensamiento Historial Nacional

Es divertido jugar a la fantasía. ¡Vamos a comenzar!

Que Hay en la Tienda

Número de Personas: 2   Tiempo: 30 minutos más o menos

Grado **1**

Materiales: Artículos del gabinete, dinero de juego de Monopoly, y ficha de póker

Descripción: Deje que su niño/a juegue a la tienda con comida que tiene en los gabinetes. Dinero de Monopoly es bueno para esto. Trate de incluir mermelada hecha en casa o galletas. Luego puede hablar de cómo eran las cosas cuando todos tenían que hacer su propia comida, moler la harina, y ordenar la vaca.

NORMAS NACIONALES COMPILAR HISTORIA/ESTUDIOS SOCIALES

Norma 1 Historia Nacional

Comprender vida de familia ahora y en el pasado, y vida de familia de vario lugares hace mucho tiempo.

Norma 1C y 3J Pensamiento Historial Nacional

Lo que aprendimos hoy...

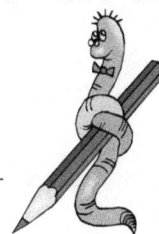

_____

_____

_____

_____

_____

_____

Yo pienso que sería divertido conocer personas que trabajan en un Barco Estrella.

Trabajadores y Sus Trabajos

Número de Personas: 2   Tiempo: Horas +

Grado **1**

Materiales: Un viaje alrededor de la vecindad

Descripción: Llevar a su niño con usted a varias tiendas y mercados en su vecindad. Toma unos minutos extras cuando está en cada tienda para hablar con las personas que trabajan allí. Pregunte de lo que hacen, cómo garran las cosas que venden, y por qué las venden. Deje que su niño guarde el dinero, que recibe de hacer quehaceres, para que él/ella compre algo.

NORMAS NACIONALES COMPILAR HISTORIA/ESTUDIOS SOCIALES

Norma 1 Historia Nacional

Comprender vida de familia ahora y en el pasado, y vida de familia de vario lugares hace mucho tiempo.

Norma 5D, 5E, y 5F Pensamiento Historial Nacional

Lo que aprendimos hoy...

_____

_____

_____

_____

_____

_____

Vestir Al Ambiente

Grado **1**

Número de Personas: 2   Tiempo: 30 Minutos

Materiales: Un viaje al pueblo

Descripción: Mientras usted maneja por el pueblo, pregúntele a su niño qué ropas tienen las personas puestas. Usted hizo esta actividad en el tema de ciencia cuando era sobre el tiempo. Esta vez mire el ambiente. Nota que personas se visten para el ambiente. Si viven en el desierto, personas van a estar vestidos para el calor. Si viven en un clima frio las personas van a estar vestidas en ropa caliente. Miren sii las casa con tienen el ambiente-abierto o cerrado. ¿Cómo está la tierra? ¿Hay costumbres que uno sigue por el ambiente? ¿Cómo la historia del ambiente ha afectado la historia del pueblo?

NORMAS NACIONALES COMPILAR HISTORIA/ESTUDIOS SOCIALES
Norma 3 Historia Nacional
Comprender Las Personas, Eventos, Problemas, E Ideas Que Fueron Significantes En Creando La Historia De Su Estado.
Norma 3C Pensamiento Historial Nacional

Historia Familiar

Grado **1**

Número de Personas: 2   Tiempo: Mas o menos una hora

Materiales: Fotos, papel, pegadura, hilo
Descripción: Explorar la historia de su familia. Mirar fotos viejas, Identificar quien está en la foto y cuando se tomaron la foto. Ponerlos en orden cronológica. Hablar de las personas de las fotos y qué estaba pasando en la comunidad cuando se tomaron la foto. Hacer un álbum de fotos juntas.

NORMAS NACIONALES COMPILAR HISTORIA/ESTUDIOS SOCIALES
Norma 3 Historia Nacional
Comprender las personas, eventos, problemas, e ideas que fueron significantes en creando la historia de su estado.
Normas 1D, 1E, y 1F Pensamiento Historial Nacional

Recitar le Empeños

Número de Personas: 2   Tiempo: 30 Minutos

Materiales: Copia del Empeño de Fidelidad

Descripción: Los niños recitan el Empeño de Fidelidad todo los días en las escuela, pero tal vez no saben lo que significan las palabras. Toma unos minutos para pasar por las palabras uno por uno y hablar de lo que significan:

Yo: solo un individual

Empeño: promesa

Fidelidad: lealtad

Si usted necesita ayuda, el comedían Red Skelton hizo esto hace unos anos. Si usted los puede buscar en el internet usted y su niño los podría ver.

NORMAS NACIONALES COMPILAR HISTORIA/ESTUDIOS SOCIALES

Norma 4 Historia Nacional

Comprender como valores domésticos fueron ser, y como se han hechos ejemplificados por personas, eventos, y símbolos

Norma 4A y 5B Pensamiento Historial Nacional

Ellos Son Nosotros Ellos Son Nosotros

Grado 1

Número de Personas: 2   Tiempo: Hora+

Materiales: Una película con personajes de diferente cultura

Descripción: Después de ver una película, hable de los similaridades y diferencias entre los personajes. ¿Cómo son los personajes diferentes de usted en temas de lenguaje, ropa, salud, u otros factores? ¿Cómo son los similares?

NORMAS NACIONALES COMPILAR HISTORIA/ESTUDIOS SOCIALES

Norma 5 Historia Nacional

Comprender la causa y movimiento natural de grupos grande de personas al los Estados Unidos, ahora y hace mucho tiempo.

Norma 3B Pensamiento Historial Nacional

¿Puede usted nombrar un país que se conoce por sus Estrellas?

Alrededor Continental

Número de Personas: 2   Tiempo: Un globo o mapa mundial

Grado **1**

Materiales: Papel, lápiz, libros de historia, internet

Descripción: Nombre un país. Deje que su niño/a busque el país en un globo o mapa. Y luego deje que le diga en que continente está el país. Pregúntele si puede nombrar los otros países del mismo continente.

NORMAS NACIONALES COMPILAR HISTORIA/ESTUDIOS SOCIALES
Norma 7 Historia Nacional
Comprender atributos seleccionados y desarrollos historial de sociedad en Asia, las Américas, y Europa.
Norma 2G Pensamiento Historial Nacional

Lo que aprendimos hoy...

_____

_____

_____

_____

_____

_____

_____

Muchos inventores fueron considerados las Estrella Megas del siglo 20 y 21.

Buscar Lo	Grado 1
Número de Personas: 2 Tiempo: 15 minutos	

Materiales: Mapa del Mundo, Mapa de los Estado Unidos

Descripción: Cada aparato mecánicos que ve su niño comenzó como una idea de alguien-un celular, caro, Televisión, DVD, computadora. Todos fueron inventados por alguien. Juega un juego para ver quién puede buscar el inventor de las cosas. ¿Cuándo los inventaron? ¿Cómo gozamos los benéficos de la invención? ¿Cómo fuera diferente la vida sin el aparato?

NORMAS NACIONALES COMPILAR HISTORIA/ESTUDIOS SOCIALES

Norma 8 Historia Nacional

Comprender los descubrimientos mayores en ciencia, tecnologia, sus efectos sociales y económicos, y los científicos e inventores responsables por ellos.

Norma 5B y 5D Pensamiento Historial Nacional

Lo que aprendimos hoy...

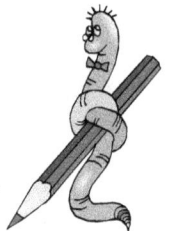

_____

_____

_____

_____

_____

_____

Secretos Historial

Número de Personas: 2   Tiempo: 30 minutos

Grado **2**

Materiales: Mapa del Continente de Norte Amérca

Descripción: Usamos mucho los mapas en nuestra familia. En viajes, los niños siguen el mapa mientras viajábamos. Use el mapa para identificar pueblos, condados, estados. ¿Qué tan lejos está la ciudad de la próxima parada? ¿Pasaron por líneas de condado u otros estados?

NORMA NACIONAL COMPILAR HISTORIA/ESTUDIOS SOCIALES

Norma 2 Historia Nacional

Comprender el folklór y otras culturas de varios regiones de los Estados Unidos y como ayudaron forma una herencia nacional.

Norma 2B y 2D Pensamiento Historial Nacional

Vacaciónes

Número de Personas: 2+   Tiempo: Several Horas

Grado **2**

Materiales: Viajando por su Estado

Descripción: En su próximo viaje va a pasar por varios lugares. Use el viaje como oportunidad de hablar de las áreas y cómo son iguales o diferentes a otros; urbano, suburbio, y el campo. Mire la ciudades grandes con los edificios y tráfico; maneje en vecindadas residenciales; mire las valles, y ranchos de las áreas del campo. ¿Cómo fueron las área hace 10 años, 25, 50, o 10 años?

NORMA NACIONAL COMPILAR HISTORIA/ESTUDIOS SOCIALES

Norma 2 Historia Nacional

Comprender la historia de la comunidad local y como las comunidades en Norte América varia hace mucho.

Norma 2D 2E Pensamiento Historial Nacional

Sorteando fotos de Familia y Historias

Número de Personas: 2   Tiempo: 20 minutos

Grado **2**

Materiales: Su memoria, un libro de historia o el internet

Descripción: Lo historia está llena de personas famosas. Esta actividad incluye hacer una de esas personas. Usted puede escoger la era. Líderes de American Temprana. Su niño puede fingir hacer una persona de ese tiempo y usted trata de adivinar quién es. George Washington, Benjamin Franklin, Betsy Ross, Benedict Arnold, o Thómas Jefferson son algunas posibilidades. Deje que su niño escoja uno y describa cosas de esa persona hasta que usted adivine. Y luego usted puede fingir hacer una persona y que su niño trate de adivinar.

Cómo

NORMAS NACIONALES COMPILAR HISTORIA/ESTUDIOS SOCIALES

Norma 2 Historia Nacional

Comprender la historia de la comunidad local y como las comunidades en Norte América varia hace mucho.

Norma 1D, 1E, 1F Pensamiento Historial Nacional

Historias Familiar

Número de Personas: 2+   Tiempo: Hora+

Grado **2**

Materiales: Mapa

Descripción: ¿Qué es su antepasado familiar? Si no está seguro habla de esto con parientes que tal vez saben, o puede buscar en el internet. Busca en un mapa. ¿Qué tan lejos está de donde usted vive? ¿Cuándo llegaron, cómo, y por qué?

NORMAS NACIONALES COMPILAR HISTORIA/ESTUDIOS SOCIALES

Norma 5 Historia Nacional

Comprender la causa y movimiento natural de grupos grande de personas al los Estados Unidos, ahora y hace mucho tiempo.

Norma 3A, 3B, y 3D Pensamiento Historial Nacional

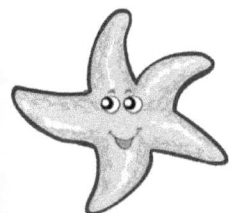

Yo vengo de una familia que mira las Estrellas, ¿Y usted?

¿De Dónde Viene Usted?

Número de Personas: 2   Tiempo: 30 minutos

Grado **2**

Materiales: Conversaciones con miembros de la familia

Descripción: La populación de los Estados Unidos creció de 40 millones de personas en el 1870 a 123 millones en el 1930. Mucho del crecimiento era personas de otros países. Descubra de dónde es su familia. Tal vez usted es Alemán o Iriandes, o tal vez usted no sabe de su antepasados. Ayude a su niño hacer un árbol de familia. Abuelitos pueden ser un buen recurso para esta información. Pueden enterarse de qué comida comían, donde graban la comida, y quiéjn la preparaba. ¿Qué ropa usaban? ¿Usamos esa ropa hoy? ¿Todavía comemos de esas comidas? Hablan de los que encuentran con los demás en la familia.

NORMAS NACIONALES COMPILAR HISTORIA/ESTUDIOS SOCIALES

Norma 6 Historia Nacional

Comprender el folklór y otras culturas de varios regiones de los Estados Unidos y como ayudaron forma una herencia nacional.

Norma 4B, 4C, y 4D Pensamiento Historial Nacional

Lo que aprendimos hoy...

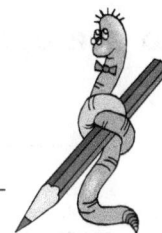

_____

_____

_____

_____

_____

_____

_____

Nombres Grandes

Número de Personas: 2   Tiempo: Varios meses

Materiales: Cuentos autobiográficos de líderes y héroes

Descripción: Historia está llena de muchas personas excelente. Ayude a su niño enterarse sobre personas como Lincoln, Luis Pasteur, Sitting Bull, George Washington Carver, Jackie Robinson, Sally Ride, y otros. Libros y el internet son buenos recursos para a información.

NORMAS NACIONALES COMPILAR HISTORIA/ESTUDIOS SOCIALES

Norma 6 Historia Nacional

Comprender el folklór y otras culturas de varios regiones de los Estados Unidos y como ayudaron formas un a herencia nacional.

Norma 2A y 2B Pensamiento Historial Nacional

Lo que aprendimos hoy...

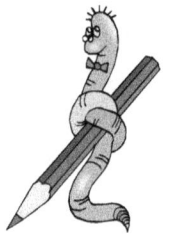

_____

_____

_____

_____

_____

_____

Visitar Un Rancho

Número de Personas: 2+   Tiempo: Una tarde

Grado **2**

Materiales: Visitar un Rancho

Descripción: En un fin de semana o una tarde visite un rancho. Deje que su niño haga preguntas. Muchos niños están curiosos de pollitos, vacas, elote, y calabazas. Muchos rancheros están disponibles para hablar de lo que hacen, dónde y cómo las cosechas están distribuidas, que afecto tiene el tiempo en las cosechas y muchos otras preguntas. Asegure de preguntar que tecnología se usa en los ranchos. Mucho ha cambiado en los últimos 50 años.

NORMAS NACIONALES COMPILAR HISTORIA/ESTUDIOS SOCIALES

Norma 8 Historia Nacional

Comprender los descubrimientos mayores en ciencia, tecnología, sus efectos sociales y económicos, y los científicos e inventores responsables por ellos.

Norma 1A Pensamiento Historial Nacional

Hacer su propria actividad para libro de juego

Historia	Grado
Número de Personas: Tiempo:	

Materiales:

Descripción:

NORMAS COMUNES DE HISTORIA ESTADOS UNIDOS

NORMAS COMÚN DE PENSAMIENTO HISTORIAL

Historia	Grado
Número de Personas: Tiempo:	

Materiales:

Descripción:

NORMAS COMUNES DE HISTORIA ESTADOS UNIDOS

NORMAS COMUNES DE PENSAMIENTO HISTORIAL

Hacer su propria actividad para libro de juego

Historia	Grado
Número de Personas: Tiempo:	
Materiales:	
Descripción:	

NORMAS COMUNES DE HISTORIA ESTADOS UNIDOS

NORMAS COMÚN DE PENSAMIENTO HISTORIAL

Historia	Grado
Número de Personas: Tiempo:	
Materiales:	
Descripción:	

NORMAS COMUNES DE HISTORIA ESTADOS UNIDOS

NORMAS COMUNES DE PENSAMIENTO HISTORIAL

ÍNDICE

Forma Para Ordenar Libros de Juegos para Padres

Grado	# de Copias	Por Copia	Total
Pre-Sch	_____	$15.00	_____
K-2	_____	$15.00	_____
3-5	_____	$15.00	_____
6-8	_____	$15.00	_____
Subtotal			_____
Impuesto			x _____
Total con impuesto			_____
Manejada y estampías $2.00 por libro			_____
Total			_____

Nombre: _____

Domicilio: _____

Ciudad: _____ Estado: ____ Código Postal: _____

Telefono:_____ Fax: _____

correo electrónico: _____

Cheque o nota de banco #: _____

de la Orden # _____

Mandar Por Correo:
Engage! Press
2485 Notre Dame Blvd 370-170
Chico, CA 95928

o por Fax o Correo Electronic:
Fax: 530-899-8423
info@engagepress.com

Parent Playbooks Forma de Actividades

Yo tengo una actividad para incluir en algún libro de juegos para padres. Está en el área de:

☐ Lenguaje y Alfabetismo

☐ Matemáticas

☐ Ciencias

☐ Estudios Sociales

Grado :   Pre-escolar   K-2   3-5   6-8   9-12

Su Nombre: _____

Domicilio: _____

Ciudad: _____ Estado: _____ Código postal: _____

Correo Electrónico: _____

Nombre de la Escuela del Niño: _____

Domicilio: _____

Mandar a Prense :
Engage! Press
2485 Notre Dame Blvd 370-170
Chico, CA 95928

O por fax o correo electrónico:
Fax: 530-899-8423
info@engagepress.com

Crear su propia actividad de libro de juego

		Grado
Número de Personas:	Tiempo:	

Materiales:

Descripción:

www.ingramcontent.com/pod-product-compliance
Lightning Source LLC
Chambersburg PA
CBHW081152090426
42736CB00017B/3280

9 780977 232956